유토피아는
어디에도 없지만
어디에나 있을 수 있다

도시의 빛

도시의 빛

런던·오스틴·코펜하겐·서울에서
발견한 빛나는 생각들

조형래
김다현
강송희

The Lights of Cities

효형출판

차례

책을 펴내며 | 도시는 살아 숨 쉬는가?　　　　　　　　　　6
머리말 | 어딘가에 있을 유토피아의 단서　　　　　　　10

런던에서　　　　　　　　　　　　　동행자: 조형래

1　**도시의 테마파크화**　　　　　　　　　　15
　　디즈니랜드와 런던은 얼마나 닮았을까?

2　**정돈된 개성**　　　　　　　　　　　　42
　　화려한 공간들을 담아내는 원칙

3　**자존감의 장소**　　　　　　　　　　　60
　　런던 부심은 어떻게 설계되는가?

오스틴에서　　　　　　　　　　　　동행자: 김다현

4　**이상한 도시**　　　　　　　　　　　　75
　　정해진 답 대신 나다움을 택한 오스틴

5　**하나의 커뮤니티**　　　　　　　　　　100
　　공동의 기억이 쌓인 도시

6　**정착의 종착점**　　　　　　　　　　　120
　　근로자를 끌어당기는 정주 환경의 조건

코펜하겐에서
동행자: 강송희

7　휘게의 도시　　　　　　　　　　　139
　　소확행의 근원

8　공적 공간의 공유화　　　　　　　158
　　복지 국가의 운하 사용법

9　기후 대응 도시설계　　　　　　　176
　　코펜하겐의 대담한 해답

서울에서
동행자: 김다현 강송희 조형래

10　안전한 서울　　　　　　　　　　195
　　자전거는 가져가지만, 왜 스마트폰은 그대로 둘까?

11　케이팝의 장소화　　　　　　　　210
　　문화의 부흥은 도시공간을 어떻게 변화시켰는가?

12　절박함의 유산　　　　　　　　　226
　　빨리빨리 문화가 만들어낼 가능성

맺음말 | 유토피아는 '완성된' 공간이 아닌 '만들어 가는' 공간이다　246

참고문헌　　　　　　　　　　　　　　　　　　　　　252
이미지 출처　　　　　　　　　　　　　　　　　　　255

책을 펴내며
도시는 설계되는가, 살아 숨 쉬는가?

이 책을 함께 지은 저자 셋은 각자 다른 나라의 대학에서 도시와 건축을 전공하고, 이후 도시설계를 연구하기 위해 서울로 모이면서 인연을 맺게 되었다. 논문 작성으로 바쁘던 어느 날, 잠시 담소를 나누던 중 어느 한 명이 제안했다.

"각자의 경험을 정리해 책을 써보는 건 어떨까? 모두 여러 나라와 도시에서 얻은 생각들이 있으니 좋은 소재가 될 것 같아."

그 말에 우리는 도시연구자로서의 새로운 길을 떠올렸다. 다음 날 다시 모여 각자의 경험과 배운 것들을 공유하기 시작했고, 예정된 짧은 만남은 해가 저물 때까지 이어졌다. 학문적 틀에 갇힌 논문 대신 자신의 이야기를 풀어가는 작업은 늘 끝없는 토론으로 이어졌다. 그렇게 행복과 고심이 뒤섞인 시간을 거쳐 우리의 생각이 한 권의 책으로 구체화되기 시작했다.

도시를 연구하는 수많은 학자와 설계자들은 저마다 다른 이상을 품는다. 하지만 그 꿈들은 하나의 공통된 목표로 수렴된다. 바로 이상적인 도시 만들기다. 이는 유구한 열망이다. 고대 그리스와 로마부터 중세와 르네상스, 그리고 20세기 도시설계학의 탄생까지, 인류는 유토피아적 도시를 꿈꿔 왔다. 그러나 이 오랜 열망의 역사는 역설적으로 그 목표의 실현이 얼마나 어려운지 보여준다. 오늘날 인류의 절반 이상은 도시에 거주하지만, 이상적인 도시를 꿈꾸기는 여전히 쉽지 않다. 이는 도시가 개인 삶의 불완전함을 반영하는 공간적 집합체이기 때문이다. 겉으로는 반짝이는 도시도 자세히 들여다보면 수많은 문제와 불만족으로 가득하다.

하지만 과연 좋은 도시를 만드는 일이 도시학자들만의 사명일까? 전문가들만이 할 수 있는 작업일까? 이러한 생각들은 결국 다음과 같은 질문들로 연결되었다. 도시는 과연 설계되는가? 아니면 살아 숨 쉬는가? 우리는 도시를 건축과 계획의 산물로만 볼 것인가, 아니면 그 속에서 살아가는 사람들과 끊임없이 상호작용을 하며 변화하는 유기체로 이해해야 하는가?

이 지점에서 도시연구자의 사명은 더 빛난다. 이상적 도시는 불가능에 가까운 목표일지 모르지만, 우리는 불완전한 공간을 지속해서 채워가며 그 책임을 다해야 한다. 그래서 우리는 여전히 묻는다. 좋은 도시란 무엇인가? 어떻게 이상적인 도시를 만들 수 있는가?

사람들은 종종 도시공간을 '우리 것'이라 표현한다. '우리 동네', '우리 지역'처럼 애정을 담은 말들에는 소속감과 자부심이 깃들어 있다. 그러나 애정이 책임으로 이어질 때 관계는 비로소 완전해진다. 가족을 돌보듯, 집을 가꾸듯, 도시공간 역시 돌봄과 책임이 필요하다. 하지만 많은 사람에게 '우리 도시'를 위해 무엇을 해야 하는지 고민하는 일은 여전히 어렵고 낯선 문제로 느껴진다.

그 이유 중 하나는 많은 사람이 자신을 도시의 단순한 이용자로만 여기기 때문이다. 매일 걷는 거리와 머무는 공간이 고민과 개선의 대상이 될 수 있다는 사실을 깨닫지 못한다. 도시를 형성하고 관리하는 일이 전문가의 영역이라고 생각하며, 자신과는 거리가 멀다고 여기는 경우가 많다. 하지만 현대 도시는 전문가의 하향식 설계를 넘어 시민의 관심과 참여를 통해 발전하는 상향식 설계로 바뀌어 가고 있다. 도시 재생 사업의 활성화 흐름은 이러한 변화를 잘 보여준다.

또 다른 이유는 도시를 보는 시각과 감각이 훈련되지 않았기 때문이다. 더 나은 도시를 만들고 싶어도 좋은 사례를 경험하지 못했거나 도시의 작동 원리를 이해하지 못하면 무엇이 이상적인 도시인지 판단하기 어렵다. 이는 관심 부족이 아니라 학습과 경험 부족에서 비롯된 문제다.

따라서 도시를 바라보는 방식을 바꾸는 것이 중요하다. 도시를 단순히 '잘 설계된 공간'으로 보는 것이 아니라 그것이 우리의 삶과 어떤 방식으로 상호작용을 하는지 고민해야 한다. 좋은 도시는 단순한 계획이 아니라 시민들의 선택과 행동이 쌓여 만들어지는 결과물이다.

도시공간을 더 나은 방향으로 변화시키기 위해서는 개인의 작은 관심과 행동이 밑바탕이 되어야 한다. 이 책은 도시를 바라보는 새로운 관점을 제시하고자 한다. 좋은 도시란 무엇인지, 그리고 그 도시를 만드는 데에 시민의 참여와 역할이 얼마나 중요한지 전달하려 한다. 독자들은 책에 담긴 경험과 이야기를 통해 도시설계와 계획의 방향성을 이해하게 될 것이다.

이 책은 단순히 전문가를 위한 자료집이 아니다. 도시공간에 관심이 있는 누구든지 쉽게 읽을 수 있도록 구성되었으며, 독자가 세계 여러 도시를 마치 직접 방문한 것처럼 생동감 있게 느낄 수 있도록 짜였다. 도시를 연구하는 전문가들에게는 새로운 사례로, 일반 독자들에게는 도시를 이해하고 참여할 계기가 되길 바란다.

우리는 도시가 단순한 구조물이 아니라 살아 있는 공간이라는 점을 다시 한번 강조하고자 한다. 도시는 설계되는 것이 아니라 인간이 살아가는 방식 속에서 함께 만들어지는 것이다. 도시를 사랑하는 것, 그리고 그 공간을 변화시키는 것. 그것이 바로 진정으로 도시에 속해 있다는 증거일 것이다.

이 책에 담긴 경험과 고민이 독자들에게 영감을 주기를 바란다. 독자들에게 저마다의 유토피아적 도시를 상상하고 발전시킬 수 있는 계기가 되고, 지금보다 더 나은 도시를 만드는 시작점이 되기를 희망한다. 더 나아가 도시를 꿈꾸고 사랑하는 이들에게 이 책이 소중한 동반자가 되길 기대한다.

머리말
어딘가에 있을 유토피아의 단서

도시는 우리 삶의 무대다. 이곳에서 우리는 하루를 시작하고 끝낸다. 빌딩 숲 사이로 걸음을 바삐 옮기고, 도로 위를 달리는 차량의 소음과 사람들의 웅성거림 속에서 하루를 살아 낸다. 하지만 이 무대가 늘 따뜻하고 매력적이지만은 않다. 도시는 때로 차갑고 회색빛으로 가득 차 있으며, 경쟁과 압박의 장으로 느껴지기도 한다. 매일 수많은 선택의 갈림길에 놓이면서도 우리는 자유로운 삶을 추구하기보다 빠듯한 일정을 소화하는 데에 집중한다.

우리가 도시를 평가할 때, 칭찬보다는 불평과 비판이 더욱 친숙하게 느껴진다. 저마다의 사연으로 편안한 일상을 힘들게 하는 환경·사회에 노출되어 있다면 더욱 그러하다. 세상에 완전한 것이란 없듯, 인간의 발명품인 도시 역시도 완벽하게 불완전하기 때문이다. 도시를 둘러싼 크고 작은 문제들은 언제나 화두가 된다. 도시가 사회·정치·경제·문화·환경·국제관계 등 다양한 영역이 복잡하게 교차하는 공간임을 고려하면, 문제의 종류와 깊이는 끝이 없을 수 있다.

기후 변화·국제 안보의 불안·경제적 불평등·경기 침체는 현대 사회를 끊임없이 괴롭힌다. 여기에 코로나 팬데믹 이후 도래한 뉴노멀 시대의 혼란과, 기술 발전이 가속하면서 심화하는 인간성 상실의 문제는 모두 도시라는 무대를 통해 증폭된다. 도시는 단순한 삶의 터전이 아니라 우리가 직면한 시대적 도전과 그로 인한 불안을 집약적으로 반영하는 공간이다. 2020년대를 지나며 도시는 시대의 거울이자 점점 더 사회적 갈등과 변화가 압축적으로 펼쳐지는 장이 되고 있다.

도시의 어둠이란 빛보다 어둠이 두드러지는, 한 마디로 빛의 결핍 상태로 볼 수 있다. 어둠이 있기 때문에 빛의 가치가 높아진다. 어둠으로 대표되는 도시의 문제들이 우리를 좌절시키지만, 그 속에서도 희망을 찾을 필요가 있다. 이 책은 바로 그러한 시각에서 출발했다. '빛'을 찾아내고, 이를 바탕으로 이상적인 도시를 설계하기 위한 여정을 담아내고자 했다.

'도시의 빛'은 단순한 물리적 특성이나 추상적 아이디어를 넘어선다. 이는 도시에 애정을 품게 만드는 요소이며, 그 애정은 책임으로 이어져 도시를 더 나은 공간으로 변화시키는 원동력으로 작용한다. 그 빛을 런던 편의 글쓴이는 '사람들을 머물고 싶게 하고, 머문 순간을 기억하게 하며, 도시에 감성과 서사를 부여하는 요소'로 정의했고, 오스틴 편의 저자는 '도시를 살고 싶은 공간으로 만드는 필수 요소'로 보았다. 코펜하겐 편을 쓴 다른 이는 '현시대의 글로벌 이슈에 대응하며, 모든 세대의 도시민이 자유와 평등, 행복과 높은 삶의 질을 누릴 수 있도록 하는 요소'로 해석했다. 우리 셋의 표현은 다르지만, 한 가지 본질을 공유한다. 바로 이상적 도시인 '유토피아'를 설계할 때 반드시 갖춰야 할 요소라는 점이다. 이 책은 도시의 빛을 찾는 여정이자 유토피아적 도시를 구성하는 핵심 원칙을 탐구하는 과정이다.

우리의 여정은 세계 여러 도시에서 경험한 다양한 관점과 통찰을 녹여내는 데에서 시작되었다. 우리는 런던·오스틴·코펜하겐 그리고 서울이라는 네 도시에서 각각 오랜 시간 거주하며 도시와 건축을 바라보았다. 도시의 이방인으로서 익숙함에 무뎌지지 않은 시선으로, 그 도시가 지닌 빛과 그림자를 비판적으로 바라볼 수 있었다. 예컨대 코펜하겐의 자전거 도로가 도시의 평등성을 어떻게 구현하는지, 오스틴의 음악 축제가 어떻게 사람을 끌어당기는지와 같은 질문들은 도시를 더욱 면밀하게 들여다볼 수 있는 출발점이 되었다.

    도시의 빛을 탐구하는 과정에서 세운 기준은 명확했다. 빛이란 단순히 화려한 장식이 아니라 시민의 삶을 근본적으로 풍요롭게 만들고, 사회적 유대를 강화하며, 지속가능성을 확보하는 요소여야 한다. 이를 바탕으로 물리적 공간은 물론 사회적·경제적·환경적 맥락까지 바라봤다. 또한, 네 도시에서 발견한 특징들을 비교하며 지역적 차이를 넘어선 이상 도시의 보편적 원칙을 도출하고자 했다.

    도시의 빛을 찾는 과정은 단순한 연구 조사나 분석이 아니다. 그것은 도시와 인간의 관계를 철저히 성찰하며, 도시가 지녀야 할 이상적 모습에 대해 끊임없이 질문하는 과정이다. 도시는 어떻게 인간의 삶을 더 풍요롭게 할 수 있는가? 공간 설계가 공동체의 형성과 행복에 미치는 영향은 무엇인가? 이러한 질문들은 이 책이 제안하는 12가지 빛의 요소를 구체화하는 데에 결정적인 역할을 했다.

    우리는 '도시의 테마파크화', '정돈된 개성', '자존감의 장소', '이상한 도시', '하나의 커뮤니티', '정착의 종착점', '휘게의 도시', '공적 공간의 공유화', '기후 대응 도시설계', '안전한 서울', '케이팝의 장소화', '절박함의 유산' 등 12가지 관점으로 도시의 빛을 탐구하며, 이상적인 도시설계 및 계획의 방향성을 독자 여러분에게 제시하고자 한다. 도시의 빛은 단순한 이론적 논의가 아니라 도시 문제를 해결하고 우리의 삶을 풍요롭게 하는 실질적인 대안이 될 수 있다고 믿으면서.

　도시의 빛은 시민의 곁에 존재하며, 발견되기를 기다리고 있다. 도시에 대한 애정과 관심이 책임으로 이어질 때, 우리 스스로는 도시를 더 나은 공간으로 변화시킬 수 있다.

* 　일러두기

1. 외래어 표기는 국립국어원의 외래어 표기법을 기본으로 하되, 일반적으로 쓰이는 방식을 우선했다.
  ex) (원칙) 비아르케 잉엘스 -> (표기) 비야케 잉겔스

2. 본문에 인용된 외국 도서 가운데 한국어 번역본이 있는 경우, 원작 명칭이 아닌 한국어 제목만 표기했다.
  ex) 로버트 벤투리, 『라스베이거스의 교훈』

3. 이미지는 저자들이 제공한 것으로 출처는 책 말미에 정리했다.

4. 런던은 조형래, 오스틴은 김다현, 코펜하겐은 강송희, 서울은 세 도시연구자와 함께 둘러본다.

런던에서

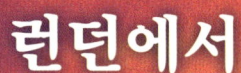

동행자: 조형래

1
도시의 테마파크화

디즈니랜드와 런던은
얼마나 닮았을까?

테마파크는 즐거움을 설계하는 공간이다. 동선·리듬·감각적 자극이 정교하게 조율되어 방문자를 몰입하게 만든다. 이 원리는 놀이 공간에만 국한되지 않는다. 런던의 거리 역시 다채로운 공간의 연속성과 감각적인 자극이 사람들을 능동적으로 움직이고, 머물게 하며, 다시 길을 나서게 한다.

도시공간의 즐거움은 어디에서 오는가?

"즐거움만이 삶의 목적이다."라는 아일랜드의 문호 오스카 와일드Oscar Wilde의 선언처럼 우리는 모두 즐거운 삶을 원한다. 왜 그럴까? 심리학은 즐거움을 좇는 인간의 본능을 설명한다. 제임스 러셀James A. Russell의 '감정 구분법'에 따르면 모든 감정은 긍정/부정과 흥분의 정도 두 축으로 구분된다. 이 이론에 따르면 즐거움이란 긍정적이고 각성된 심리 상태, 즉 궁극적으로 행복한 감정이다. 인생은 매 순간이 장기적으로 축적된 결과이기 때문에 우리는 행복한 삶을 위해 매일을 즐거움의 감정으로 채우고자 한다.

즐거움으로 가득 찬 공간이야말로 모두가 꿈꾸는 세상일 것이다. 물론 그러한 공간은 현실에서 찾아보기 어렵지만, 설계할 수 없는 것은 아니다. 일상에서 쉽게 접할 수 있는 장소가 바로 '꿈과 희망의 나라'로 묘사되는 테마파크다. 전 세계의 수많은 놀이공원이 이윤을 위해 의도적으로 즐거움을 판매하는 공간이라는 점은 더 이상 비밀이 아니다. 2019년 기준 세계 상위 10개의 테마파크 방문객 수만 해도 약 5억 2천만 명에 달하며[1], 이는 행복의 공간으로 탈출하고자 하는 도시민들의 갈증을 잘 대변한다.

테마파크는 수 세기에 걸쳐 검증된 즐거움을 위한 공간 설계의 집합체다. 물론 많은 이가 놀이기구를 위해 이곳을 방문하지만, 오직 그것만이 '행복의 나라'를 구성하지는 않는다. 테마파크 설계에 관한 어느 연구는 디즈니랜드 방문자가 단지 놀이기구뿐만이 아닌 테마파크 공간에 스며 있는 판타지·학습·흥미·과학기술·역사적 흔적에 집중한다고 밝혔다.[2] 다양한 공간적 요소의 이면에는 도시설계적 장치가

치밀하게 작동한다. 구역별로 다른 장소들과 이를 연결하는 접근성, 보행자 친화적 보행 환경, 오픈 스페이스를 포함한 멈춤의 공간들, 공간 규모의 다양성, 거리 이벤트 등이 이에 포함된다. 크고 작은 설계적 장치들은 방문객을 기쁨·안락함·신비로움·환희 등의 긍정적 감정으로 이끈다.

그렇다면 테마파크가 제공하는 즐거움과 몰입감을 현실에서도 경험할 수 있는 도시는 과연 어디일까? 일상적인 공간 속에서도 테마파크와 같은 활력, 감각적 자극, 그리고 서사적 구성을 갖춘 도시는 존재하는가? 45개의 해외 도시를 관찰한 나는 이 질문에 런던이라는 답을 던진다. 나는 7년간 거주하며 런던과 테마파크의 설계 요소 간의 여러 공통점을 발견하였다. 런던이 즐거움의 도시라는 것은 결코 개인적인 생각만은 아닐 것이다. 2018년 기준 런던이 유럽과 북미의 모든 도시 중 가장 많은 방문객이 찾은 곳이라는 점을 고려하면 더욱 그렇다.[3] 여기서 나는 이런 질문을 던지고 싶다. 무엇이 런던을 즐거움의 도시로 만드는가? 유명 테마파크의 설계 기법은 런던의 그것과 얼마나 유사할까?

여기에 답하기 위해서는 우리가 도시를 경험하는 방법을 이해하는 것이 중요하다. 도시는 다양한 공간으로 이루어진 거대한 복합체이기에, 도시를 경험하고 판단하기 위해서는 그것의 단면이 아닌 다면을 봐야 한다. 예를 들어 서울 외곽의 낙후 지역만 방문하고 서울을 과소평가하는 것은 어불성설이다. 마찬가지로 해운대와 마린시티의 고층 건물들을 바라보며 부산을 지속적으로 성장한다고 판단하기에는 부산이 직면한 쇠퇴 위기와의 괴리가 분명히 존재한다. 우리가 한 도시의 다면적 모습을 알기 위해서는 탐험이 필요하며, 그 핵심 수단은 보행이다. 비록 발걸음은 느릴지언정 그 덕에 공간의 이면을 확인하거나, 연속적인 시간의 변화를 느끼거나, 도시 구성원들과 상호작용을 할 수 있다. 19~20세기를 지나며 교통수단의 혁신에도 불구하고 여전히 관광객 대다수가 뉴욕·에든버러·파리·교토 등의 도시를 자신만의 속도로 걸으며 경험하는 이유가 여기에 있다. 따라서 이번 장에선 즐거운 보행 경험을 뒷받침하는 5가지 렌즈로 런던과 세계 주요 테마파크의 설계적 특징을 비교한다.

집중과 분산의 균형, 폴리센트릭 구조

거시적으로 바라보자. 도시의 구조와 도로망의 형태는 보행 경험을 결정하는 뼈대다. 프라하·피렌체·마드리드 같은 중세 유럽 도시들은 중심에 하나의 핵이 있는 단핵 구조를 보이는데, 이는 도심 집중도를 높이고 그 장소의 정체성을 강화하기 위한 것이다. 이 도시들의 중심에는 '지배자'의 공간이 있기 때문이다. 그곳에는 왕궁 또는 신전이 있다. 그뿐만 아니라 중심에서 외곽으로 거미줄처럼 뻗어나가는 방사형 도로망을 가지며, 이는 언덕과 같은 자연 지형 또는 블록형 건물 형태에 따라 구불구불한 거리로 설계되었다. 19세기 말 도시설계의 권위자 카밀로 지테Camillo Sitte가 옹호했던 이러한 도시 구조 및 형태는 단순하지만 명확한 장소성을, 보행자에게는 불편하지만 탐험적 보행 경험을 효과적으로 전달한다.[4] 반면, 미국의 뉴욕이나 한국의 강남과 같은 모더니즘적 도시는 격자형 그리드 구조를 통해 지역 간 연결성을 높이고 집중을 분산시키는 방식을 택해 왔다.

    인간은 본디 복잡하며 까탈스럽다. 지나치게 집중화된 도시 구조는 위압적이고, 반대로 분산되면 단조로울 수 있다. 따라서 즐거운 보행을 위해서는 감성과 편리함 사이, 그리고 집중과 분산 사이의 적절한 균형점에 도달해야 한다. 도심의 강력한 집중으로 정체성을 확립하는 것도 필요하지만, 다양한 장소성이 존재하는 주변부가 있어야 하며 그 사이를 원활하게 이동할 수 있는 연결성도 확보해야 한다. 이러한 구조를 통해 보행자의 멈춤과 이동에 있어 선택지를 다양화할 수 있기 때문이다. 비록 완벽한 답은 아닐지라도, 그 절충안은 다핵 구조인 폴리센트릭 구조Polycentric structure에서 찾을 수 있다. 다핵 구조로 풀어쓸 수 있는 이는 단순히 기능적인 배치가 아니라 공간이 사람들에게 의미를 부여하는 방식과도 연결된다. 그리고 이 구조는 런던과 테마파크에서 공통으로 확인된다.

　세계 유명 테마파크 역시 이러한 다핵 구조를 따르며 설계된다. 해외에서는 미국 올랜도의 매직 킹덤, 파리 디즈니랜드, 그리고 유니버설 스튜디오 재팬이 대표적이고, 춘천 레고랜드와 부산 롯데월드도 마찬가지다. 예를 들어 디즈니랜드 파리에는 디즈니 캐슬과 전면의 센트럴 플라자가 중심부에 위치한다. 이 형태는 방문객들에게 격자 및 선형 구조와 달리 강렬한 장소성을 전달하며, 전체 이미지를 형성하고 제시하는 중요한 장치로 작용한다. 우리가 잠실 롯데월드나 디즈니랜드를 방문하면 자연스럽게 중심부에 있는 성을 향하는 것이 결코 우연이 아니다. 이는 단순한 동선 설계를 넘어 방문객의 심리를 자극하는 공간 전략이다. 주요 랜드마크가 시각적 구심점이 되어 자연스럽게 발걸음을 유도하고, 각 구역의 차별화된 경험을 하나의 서사로 연결하며 몰입도를 극대화하는 것이다.

　물론 단핵 구조가 더 강한 장소성을 형성하며 감성적인 보행을 유도한다는 주장도 있다. 그러나 하나의 스토리는 강력한 흡입력을 가질 수 있지만, 그만큼 쉽게 질리기 마련이다. 반면, 테마파크의 다핵 구조는 여러 부심점을 형성하여 각기 다른 개별적 스토리를 효과적으로 전달한다. 이는 또한 장소마다 방문객 밀도를 적절히 유지하는 데에도 효과적이다. 만약 각 구역 내, 그리고 구역 간 높은 연결성이 확보된다면 장소 내에서의 사회적 교류가 원활하게 이뤄질 수 있다. 다양한 보행 선택지와 적정한 인파 속에서의 장소 경험은 더욱 즐

1 도시의 테마파크화

미국 애너하임의 디즈니랜드
테마파크의 중심부엔 캐슬, 주변부엔 해적선과 돌산 등 각각의 테마와 랜드마크가 위치한다.
이러한 구조는 방문객의 중앙 집중과 주변부 분산을 유기적으로 유도한다.

거운 탐험을 유도한다. 실제로 파리 디즈니랜드의 중심부 주위에는 프런티어랜드·메인스트리트·디즈니랜드·판타지랜드·어드벤처랜드라는 각기 다른 장소성을 가진 부심들이 촘촘하게 연결되어 있어 방문자의 시선을 여러 지역으로 효과적으로 분산시킨다. 즉 장소의 구조

런던에서

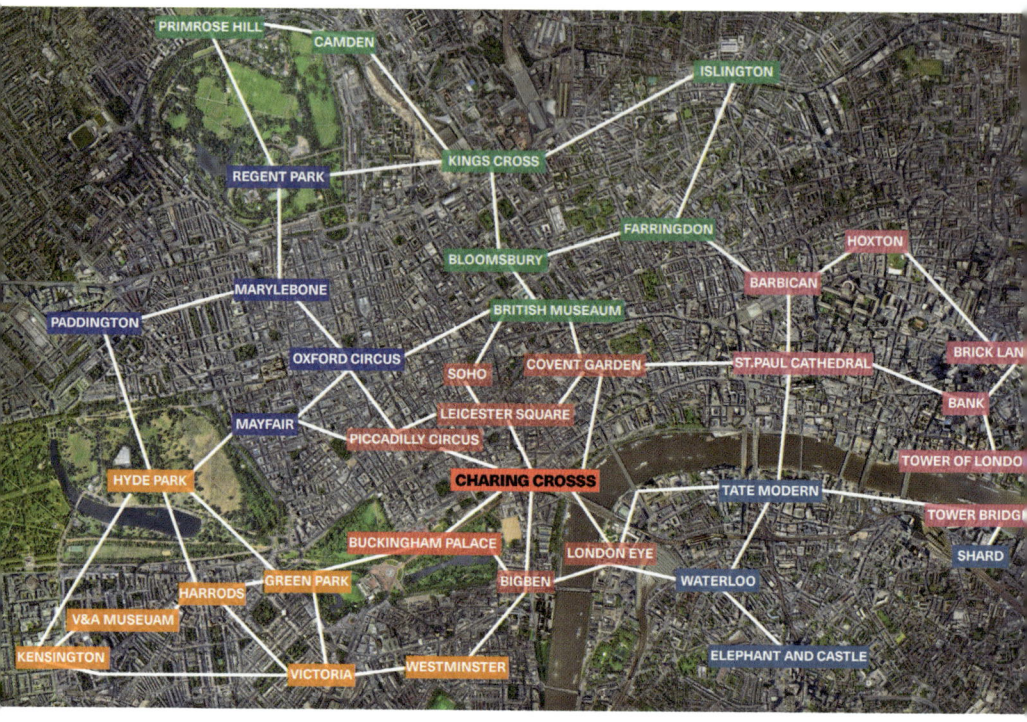

런던 도심

차링 크로스를 중심으로 옥스퍼드 서커스(쇼핑)·블룸스버리(교육)·뱅크(금융)·켄싱턴(고급 주거) 등 다양한 지역 중심이 촘촘한 네트워크로 연결되어 있다. 이러한 구조는 도심 내 기능적 분화를 강화하면서도, 효율적인 이동과 공간 활용을 가능하게 한다.

와 형태가 우리의 걸음을 중앙으로 혹은 외곽으로 유도하고 있다. 세계의 수많은 테마파크가 집중과 분산의 균형을 유지하기 위해 다핵 구조를 채택하는 이유가 여기에 있다.

런던의 구조 역시 테마파크의 그것과 유사하다. 이 오랜 도시는 런던 캐슬과 런던 시티 지구를 중심으로 한 단핵 구조에서 시작해 런던 대화재·산업혁명·세계대전·세계화를 거치며 점차 다핵 구조로 확장해 왔다. 지리적 관점에서 현대 런던의 최중심부를 넬슨 장군 동상과 내셔널 갤러리가 있는 차링 크로스Charing Cross로 설정하면, 10~20분간의 보행만으로 최소 10곳 이상의 부심부에 도달할 수 있다. 동쪽으로는 코벤트 가든과 세인트 폴 대성당이 있는 런던 시티 지구, 서쪽으로는 버킹엄 궁전과 메이페어 지구, 남쪽으로는 빅벤이 있는 웨스트민스터와 워털루 지구, 북쪽으로는 소호와 대학가인 블룸스버리Bloomsbury 지역이 있다. 실제로 많은 런던 방문객이 관광을 시작하는 지점은 내셔널 갤러리·피커딜리 서커스·레스터 스퀘어 같은 도심 중앙부이며, 이들은 이후 주변부의 대영박물관·옥스퍼드 서커스·웨스트민스터 사원·빅벤·마블 아치와 하이드 파크·런던 아이 쪽으로 발걸음을 옮긴다. 이처럼 런던의 도시 구조가 보행을 유도하는 방식은 테마파크와 흡사하다.

입체적 경험을 위한 구역 콘셉트의 다양성

그러나 도시의 구조만으로 즐거운 보행 경험을 할 수 있는 것은 아니다. 이제 조금 더 장소 단위의 규모로 내려가 보자. 유사한 구역 콘셉트의 연속은 통일성을 주지만, 자칫하면 단조로운 보행 경험을 전달할 수 있다. 보행 환경이 지루해지면 우리는 탐험을 위한 움직임보다는 목적을 위한 움직임에 집중한다. 즐거운 도시가 되기 위해서는 자발적이고 경험적인 보행을 유도하는 동기부여가 필수적이다. 런던과 테마파크의 두 번째 공통점은 다양한 콘셉트의 장소들을 겹치게 배치해 보행자의 경험을 풍성하게 만든다는 것이다.

경기도 용인의 에버랜드를 예로 들어보자. 에버랜드는 글로벌페어·아메리칸 어드벤처·매직랜드·유러피안 어드벤처·주토피아라는 서로 다른 5개의 테마 구역으로 구성되어 있다. 이들 구역은 대부분 연속적으로 배치되어 있어 그 경계가 모호해지고, 행여 떨어져 있다 하더라도 새로운 구역으로 진입하는 보행 시간은 그리 길지 않다. 상이한 콘셉트의 공간들이 겹치는 장소는 방문자에게 입체적인 경험을 전달하는데, 이는 A와 B의 만남이 C라는 새로운 장소성을 형성하기 때문이다. 이는 새로운 이론이 아니다. 포스트모더니즘의 대표적 도시 설계가인 크리스토퍼 알렉산더 Christopher Alexander 는 저서 『A City is Not a Tree』에서 상호 연결된 공간은 하위 집합을 형성하여 더 큰 시너지를 발휘한다고 설명한다.[5] 다시 에버랜드로 돌아가 보면 동화적인 매직랜드와 유럽 테마의 유러피안 어드벤처가 맞닿아 있는 경계 부분은 또 다른 콘셉트를 형성한다. 이곳은 붉은 장미 정원과 낭만주의 양식의 성, 프랑스식 회전목마가 어우러져 '유럽식 판타지'라는 새로운 장

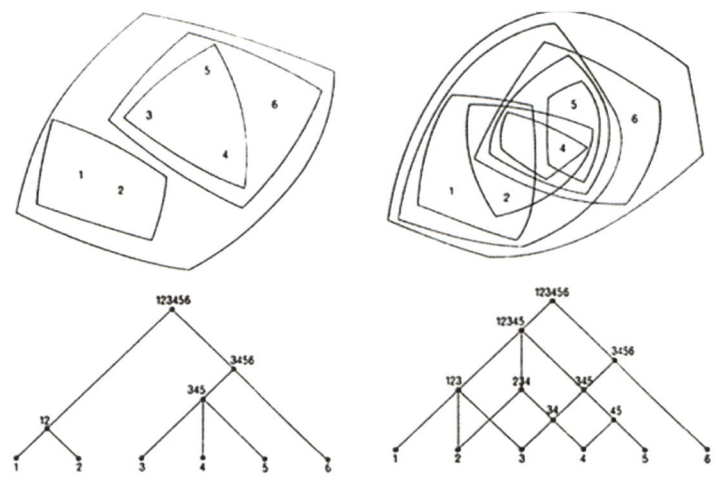

독립적 공간(좌)와 상호 연결된 공간(우)

크리스토퍼 알렉산더는 도시의 활성화를 위해 공간의 독립적인 '나무' 구조(좌)가 아닌
상호 연결의 '웹' 구조(우)를 강조하였다. 각기 다른 공간의 만남은
새로운 장소성과 시너지를 만들어낼 수 있기 때문이다.

새로운 장소성의 탄생

한 공공공간에 세탁기·벤치·자판기 등 다양한 용도의 물건이 위치한다면, 이 공간은 각각의
목적을 위한 공간이 아닌 사회적 상호작용이 이루어지는 커뮤니티 장소로 변할 수 있다.

소성을 만들어낸다.

　입체적 경험을 위한 구역 콘셉트의 배치는 런던 도심에도 스며들어 있다. 예를 들어 런던의 차이나타운에서 식사를 마치고 거리로 나오면 여러 다른 콘셉트를 가진 지역으로 이동할 선택지가 생긴다. 동쪽으로 발걸음을 옮겨보자. 차이나타운에서 코벤트 가든으로 가는 경계 지역에는 한국 및 인도 식당과 같은 아시아 상점들을 발견할 수 있다. 차이나타운에서 술집이 밀집된 소호로 간다면 LGBT 및 성인 용품샵이 밀집된 구역을 지나쳐야 한다. 럭셔리 호텔과 파인다이닝이 즐비한 메이페어로 이동한다면 그 경계에서 영국 신사복 거리인 세인트 제임스 스트리트를 마주할 것이다. 이러한 다양한 지역들이 경계에서 만나며 형성하는 새로운 장소들은 보행자에게 더 풍부한 공간 경험을 제공한다. 각기 다른 4개의 지역 사이사이에 새로운 장소들이 생긴다는 것은 보행자에게 공간 다양성을 제공할 수 있음을 의미한다. 결국 다양한 콘셉트의 공존은 단순한 시각적 차이를 넘어 방문자가 공간을 탐험하며 느끼는 감각적 경험을 더욱 다채롭게 만든다.

보행 활동을 유도하는 랜드마크의 연속적 배치

랜드마크는 '땅Land'과 '이정표Mark'의 합성어로, 본래 여행자들이 현재 위치를 기억하기 위한 지표로 사용된 것에서 비롯되었다. 케빈 린치 Kevin A. Lynch는 그의 저서 『The Image of the City』를 통해 인간이 장소를 인식할 때 특정한 레퍼런스가 되는 장소나 물체를 기준으로 삼는다고 설명한다.[6] 랜드마크는 이처럼 사람들이 도시를 기억하고, 공간 안에서 자신을 위치시키는 데 도움을 주는 중요한 요소다. 이는 나무·바위·호수와 같은 자연환경뿐만 아니라 조각상·공원·건축물 등과 같은 인공물도 포함한다.

도시설계에서 랜드마크는 사람들의 보행을 유도하는 중요한 도구로 사용된다. 인간은 시각적으로 두드러지는 물체를 통해 한 지역의 이미지를 강렬하게 기억하는 경향이 있다. 우리가 도시 속 장소나 길을 안내할 때 크고 작은 랜드마크를 기준으로 삼는 것도 같은 이치다. 랜드마크가 이동의 목표점이 된다는 것은 경험적 보행 활동에 동기부여가 된다는 것을 의미한다.

보행 유도를 위한 랜드마크의 활용은 테마파크 설계에서도 두드러진다. 테마파크의 대표적 예인 미국 올랜도의 디즈니랜드를 떠올려 보자. 디즈니랜드에는 위니Weenie라는 랜드마크가 구역마다 자리한다. 눈을 감고 디즈니랜드를 그리면 열에 여덟 이상은 디즈니성을 떠올리는 것이 우연이 아니다. 이러한 위니는 장소에 정체성을 형성하여 외부에서 방문객을 끌어들인다. 또한, 디즈니랜드 안에는 생명의 나무·테러의 타워와 같은 각각의 위니들이 랜드마크 역할을 하며 방문객의 구역 간 이동을 유도한다.

상하이 디즈니랜드

테마파크 입장 전부터 보이는 랜드마크는 보행자들의 시선을 사로잡으며 꿈의 나라로의
발걸음을 유도한다. 넓게 조성된 접근로와 점진적으로 드러나는 경관 요소들은
기대감을 증폭시키며, 방문객을 서서히 환상의 세계로 몰입하게 만든다.

1 도시의 테마파크화

고든 쿨런이 주장한 '연속적 시야' 이론
도시 성벽의 입구(좌)는 도시의 정보를 제공하며 우리를 이동하게 만든다.
입구에서 보이는 석상(우)은 우리의 흥미를 자극하여 그 방향으로 접근하게 만든다.
이처럼 연속적 시야에 담긴 설계 장치는 보행의 흐름을 결정 짓는 요소다.

런던 도심 설계도 마찬가지다. 중심 지역과 부심 지역에는 각기 다른 랜드마크가 상징적으로 존재한다. 피커딜리 서커스 지역에는 화려한 전광판과 에로스 동상이, 차링 크로스에는 내셔널 갤러리와 넬슨 제독 조각상이, 웨스트민스터 지역에는 빅벤과 런던 아이가, 블룸스버리에는 대영박물관이, 런던시에는 세인트폴 대성당이, 토튼햄 코트로드에는 센트럴 포인트가 대표적이다. 더욱 중요한 점은 이 크고 작은 랜드마크가 겹쳐 보이도록 설계되었다는 점이다. 고든 쿨런 Gordon Cullen의 '연속적 시야 Serial Vision'는 가시거리 내에 흥미를 유발하는 물체나 공간을 설계하고 보행자의 이동을 유도하는 도시설계 기법이다.[7] 이 설계적 장치는 내셔널 갤러리 앞 넬슨 제독 석상과 빅벤으로 이어지는 길에 두드러지게 나타난다. 2개의 랜드마크는 상대적으

내셔널 갤러리 앞 경관
넬슨 장군 석상 뒤로 빅벤이 강한 존재감을 드러낸다. 랜드마크 간 시야 확보는
도시에 흐름을 유도하며, 보행자에게 다음 목적지로의 이동을 자연스럽게 유도한다.

로 낮은 블록형 건물들을 사이에 두고 우뚝 솟아 그 매력을 뽐내고 있다. 내셔널 갤러리에서 반 고흐·레오나르도 다빈치·모네의 작품을 감상하고 나오면 신고딕 양식으로 장식한 세상에서 가장 유명한 시계가 보인다. 그것도 멀지 않은 거리에 말이다. 사람들이 자연스레 빅벤과 런던 아이 쪽으로 걸음을 옮기는 것은 계획적 행동보다도 흥미 유발성 이동에 더 가까울 것이다. 연속적으로 배치된 랜드마크들이 다음 목적지가 되기 때문이다.

화이트홀Whitehall 거리 풍경

빅벤을 향해 걸음을 옮기다 보면 웨스트민스터 사원이 보행자의 또 다른 호기심을 자극한다.

더 샤드The Shard에서 바라본 타워 브리지

런던에서 가장 높은 빌딩인 더 샤드와 타워 브리지를 연결하는 모어 런던 플레이스More London Place 보행로는 주변 건물들을 칼로 자른 듯한 날렵한 형상이다. 이는 런던 브리지 지하철역에서 나오는 보행자를 자연스럽게 타워 브리지와 시청 방향으로 유도하게끔 설계한 장치다.

도시 브랜딩을 위한 공공디자인

보행의 목적지가 정해졌다면, 그 과정이 더욱 중요하다. 출발점과 도착지 사이의 작은 요소들이 순간의 감정에 영향을 미치기 때문이다. 심리학적으로 접근하면 인간은 오감 중 약 80% 이상을 시각에 의존한다. 따라서 '즐거운 보행 경험은 거리를 걸을 때 무엇이 보이는가에 달려 있다'라는 주장은 꽤 합리적이다. 거리를 둘러싼 건축물의 디자인도 중요하다지만, 남성과 여성의 평균 키는 각각 175cm와 162cm에 불과하다. 보행 시 우리의 시야에 더 많이 노출되는 것은 거리의 공공디자인일 것이다. 따라서 표지판·가로등·벤치를 포함한 공공시설의 디자인은 긍정적 보행 경험에 영향을 미치는 핵심적 요소이자 그 합들은 장소·지역·도시 전체의 경험에 대한 이미지를 결정한다.

공공디자인은 테마파크 설계에서도 3가지 핵심적인 역할을 한다. 첫 번째는 '시각적 자석' 역할이다. 미국 올랜도에 있는 디즈니랜드로 향하는 길에는 미키마우스의 형상을 한 표지판들이 설치되어 있다. 시각적 디자인은 사람들의 상상력을 자극하여 더 큰 흥미와 설렘을 유발하고 보행자의 흥미를 끌어낸다. 테마파크에 입장한 후에도 그 역할은 이어진다. 앞서 설명한 위니와 같은 랜드마크는 각 구역에 흩뿌려져 있으며, 방문객들의 이동을 유도하기 때문이다. 위니는 시각적 자석 역할뿐 아니라 정보 제공 장치로도 사용된다. 빅 썬더 마운틴이라는 위니는 타 구역의 사람들을 끌어들이는 수직적 조형물이면서 동시에 그 구역의 테마 정보를 전달하는 매개체이기도 하다. 방문자들은 목적지에 도달하기 전부터 디자인을 통해 해당 테마를 상상하기 시작한다. 시설물에 가까워지면 더 상세한 디자인이 테마적 스토

1 도시의 테마파크화

리를 세밀하게 전달하며, 이러한 디자인은 방문객들이 장소에 대해 느끼는 종합적인 이미지를 구축한다. 이는 공공디자인이 어떻게 공간의 정체성을 강화하고 사람들의 기억 속에 각인되는지를 보여준다.

런던은 공공디자인의 도시다. 언더그라운드 지하철 표지판, 붉은 전화박스와 우체통과 2층 버스, 그리고 전 세계 유일의 무릎을 꿇어 청혼할 수 있는 것으로도 유명한 블랙캡 택시와 같은 디자인 요소들은 지난 백 년 동안 런던의 도시 풍경에 깊이 자리 잡았다. 이들은 단순한 교통·통신 수단을 넘어 런던의 문화적 상징으로 발전했다. 특히 이러한 공공디자인은 현대적 기능성과 역사적 유산을 결합하여, 도시 자체를 살아 있는 박물관처럼 경험하게 한다. 이로 인해 런던은 전 세계적으로 독창적인 도시 이미지를 구축해 왔다. 그 결과, 2024년 글로벌 컨설팅 회사인 브랜드 파이낸스가 선정한 세계 도시 브랜드 지수에서 런던은 1위에 올랐다.[8]

언더그라운드 표지판
전 세계에서 가장 상징적인 공공디자인 중 하나인 이 지하철 사인은 1919년 에드워드 존스턴Edward Johnston이 고안한 것이다. 깔끔한 타이포그래피와 상징적인 원형 로고로 여전히 도시 브랜딩에 일조한다.

스트랜드 Strand 거리 경관
2층 버스와 블랙캡은 고유한 디자인과 색상으로 회색 건물 사이 보석처럼 빛을 발한다.

런던 곳곳에서 만날 수 있는 수많은 공공디자인 중 가장 눈에 띄는 것은 블루 플라크London's Blue Plaques다. 이 원형의 푸른 표지판은 900개 이상이 도시 건축물에 부착되어 있으며, 그 건물에 거주했던 역사적 인물들의 이야기를 담고 있다. 나폴레옹·처칠·간디·지미 헨드릭스·반 고흐 같은 실존 인물뿐 아니라 셜록 홈스 같은 가상의 인물도 포함된다. 블루 플라크는 런던의 역사와 이야기를 시각적으로 풀어내며, 그 자체로 도시의 문화적 정체성을 강화하는 매개체가 된다. 블룸스버리 등 여러 지역에서 제공하는 블루 플라크 투어는 시민과 방문객들이 런던의 이야기를 탐험하며 거리를 새롭게 경험하게 한다. 이처럼 공공디자인은 단순한 장식이 아니라 도시의 역사를 생생하게 체

1 도시의 테마파크화

런던의 블루 플라크
건물마다 붙어 있는 유명 인사의 흔적들은 런던을 탐험하기 좋은 도시로 만들어준다.

힘하게 만들며, 런던을 역사적이면서도 독창적인 도시로 각인시키는 역할을 한다.

또 다른 예는 트라팔가 광장에 위치한 '제4의 기단The Fourth Plinth' 프로젝트다. 원래 이 기단은 전통적인 상징물을 위한 공간으로 계획되었으나, 현재는 런던 시민과 방문객들이 다양한 현대미술 작품을 감상할 수 있는 공공예술 플랫폼으로 활용되고 있다. 이 기단에 설치되는 작품들은 런던의 역사적 유산과 현대적 감각을 결합하여, 마치 테마파크에서 주기적으로 새롭게 도입하는 놀이기구처럼 사람들에게 매번 새로운 시각적 즐거움을 선사한다. 헤더 카타리나 프리치Katharina Fritsch는 'Hahn/Cock'이라는 5m 높이의 수탉 조형물을 전시함으로써 일반 시민에게는 전통적 도시 광장과 대비되는 색다른 환경을, 누군가에게는 재생·계몽·힘이라는 상징적 메시지를 전달했다. 이처럼 변화무쌍한 공공디자인은 광장을 역사적 명소에서 다이내믹한 도시의 전시 구역으로 탈바꿈시키며, 런던을 테마파크처럼 느껴지게 만든다.

트라팔가 광장의 '제4의 기단' 프로젝트

런던의 공공예술 플랫폼은 시민들이 일상에서 예술을 접하게 하여 도시공간에 대한 신선한 기대감을 조성한다. 정기적으로 교체되는 작품들은 도시의 역동성을 강조하며, 반복적인 도시 경험에서 벗어나 새로운 시각적 자극을 제공한다.

1 도시의 테마파크화

유연한 공간, 끊임없는 즐거움

우리가 테마파크를 즐거움의 장소로 인지하는 이유는 시각적 자극뿐만 아니라 청각·후각·미각·촉각 등 다양한 감각에 긍정적 자극을 주는 장치들이 있기 때문이다. 테마파크에서 흘러나오는 배경 음악과 연기자들이 펼치는 퍼레이드는 귀를 즐겁게 하고, 음식 가판대는 풍미로 미각과 후각을 자극하며, 그 덕에 충족되는 촉각적 경험은 공간에 몰입할 수 있게 돕는다.

런던 역시 이러한 감각적 경험을 유발하는 유연한 공공공간을 통해 도시 전반에 걸쳐 비슷한 즐거움을 선물한다. 런던 곳곳에 존재하는 수많은 거리 공연·임시 상점·노천 카페 등은 도시에 활력을 불어넣고 보행자들의 감각을 자극한다. 코너를 돌 때마다 울려 퍼지는 길거리 음악은 보행자들의 청각을 자극해 발걸음을 붙잡고 도시에 대한 감정적 연결을 형성한다. 거리에서 자연스럽게 접하는 공연과 음악은 단순한 오락을 넘어 공간에 대한 긍정적인 기억을 남겨 장소 정체성과 애착을 강화하는 중요한 요소다.

후각과 미각 역시 도시 경험의 중요한 요소다. 거리 음식 가판대와 노천 카페는 보행자들의 후각과 미각을 자극하며, 도시 탐험의 즐거움을 배가시킨다. '일시적 공간Temporary Urbanism'을 형성하는 이러한 요소들은 고정된 구조물들이 제공할 수 없는 즉각적이고 변화무쌍한 경험을 시민들에게 전달하며 도시를 끊임없이 새로운 경험의 장소로 만든다. 이는 테마파크에서 구역마다 다른 놀이기구와 상점들이 방문객의 흥미를 자극하는 것과 유사하다. 이러한 도시의 유동성은 정적인 공간에서 얻을 수 없는 '발견의 즐거움'을 제공하며, 사람들은 런던의 거리에서 계속해서 새로운 자극을 찾게 된다.

그 역할과 기능이 유연한 공간의 큰 장점 중 하나는 빠른 순환과 미래의 변화에 대한 적응력이다. 제인 제이콥스가 강조한 것처럼 도시의 활력은 고정된 구조물이 아니라 변화를 수용할 수 있는 유동성에서 비롯된다. 팝업 상점과 가판대의 빠른 전환성은 변화하는 도시의 문화적 요구에 맞춰 새로운 상업적 기회를 제공할 수 있다. 중세부터 이어진 시장과 도시 곳곳의 공원은 전통을 이어가고 있으며, 오늘날에도 임시적 공간들이 도시 경제와 시민들의 사회적 상호작용을 촉진하는 역할을 하고 있다.

유연한 공간들은 고정된 구조물이나 공원과의 상호작용을 통해 도시에 새로운 활력을 불어넣는다. 리젠트 파크나 런던 브리지 주변에서 주말마다 열리는 노천 시장은 공원의 정적인 기능을 보완하며 더 많은 사람의 발걸음을 유도한다. 윌리엄 화이트William H. Whyte의 '소셜 라이프 이론Social Life Theory'에 따르면 다양한 용도의 공간이 상호작용하는 환경에서 사람들은 더 많은 사회적 연결을 맺는다. 런던의 유연한 공간들은 결국 사람들이 도시에 더욱 깊이 몰입할 수 있도록 만든다.

보로우 마켓의 가판 상점

런던 보로우 마켓에 자리한 푸드 카트들은 도시의 리듬에 따라 언제든 위치 조정이 가능하다.
고정된 건축물이 아닌 가변적 구조물은 수요 변화에 유연하게 대응하며,
도시 안에서 지속적으로 새로운 상업과 사회적 실험을 가능하게 한다.

즐거운 도시를 향한 여정

환상의 나라, 꿈의 장소로 불리는 테마파크는 단순한 놀이 공간을 넘어 인간의 상상력을 현실로 구현한 장소다. 이러한 장소는 우리가 느끼는 즐거움과 감동을 전하는 매개체로서, 도시설계에도 비슷한 원칙을 적용할 수 있음을 보여준다. 정리하자면 도시 또한 시민에게 즐거운 경험을 제공하는 공간이 될 수 있으며, 이를 통해 삶의 질 향상도 가능하다는 의미다.

우리는 모두 삶 속에서 즐거운 순간들을 더 강렬하고 빈번하게 경험하고 싶어 한다. 이 같은 욕구는 '유토피아 도시'를 추구하게 하며, 이러한 도시는 기본적으로 시민들에게 즐거운 보행 경험을 제공하는 것에서 출발할 수 있다. 긍정적인 감정을 끌어내는 도시공간은 다면적 관점의 설계로 완성된다. 이러한 관점은 도시설계의 다양한 요소를 포괄해야 하며, 이는 런던과 디즈니랜드가 공통으로 보여주듯 적절한 집중과 분산을 위한 도시 구조, 보행 경험을 풍성하게 만들어주는 구역의 다양성, 시선을 이끌고 이동을 연결해 주는 랜드마크의 배치, 장소의 정체성을 더해주는 공공디자인 요소를 포함한다.

도시 디자인은 보행자의 공간 경험에 지대한 영향을 미친다. 각 요소는 상호작용을 해 도시 전반에 대한 감정적 반응을 형성한다. 특정 공간에서의 시각적 자극이나 감각적 경험은 감정에 즉각적인 영향을 미치고, 이는 행동으로 이어진다. 이러한 원리를 바탕으로 도시설계자들은 시민들의 긍정적 감정을 끌어내도록 도시를 구성해야 한다.

우리가 꿈꾸는 이상적인 도시, 즉 '도시의 빛'은 바로 이러한 즐거움이 살아 있는 공간에서 시작된다. 이때 도시는 단순한 이동 통로가 아니라 삶에 활력을 주고, 긍정적인 사회적 상호작용을 촉진하는 장소로 기능한다. 시민 모두 이러한 즐거움을 누릴 수 있는 도시를 꿈꾸며, 그러한 도시를 실현하기 위해 노력해야 한다. 따라서 도시설계는 사람들의 감정에 관한 이해와 그에 기반한 창의적·혁신적 접근 방식을 필요로 한다. 이러한 방향으로 나아간다면 우리는 진정으로 '환상의 나라'와 같은 도시를 만들어 나갈 수 있을 것이다.

2
정돈된 개성

화려한 공간들을 담아내는 원칙

조화 없는 개성은 혼란이며, 개성 없는 조화는
무미건조하다. 훌륭한 도시는 개성을 품되, 질서를 세운다.
정돈된 무대 위에서 빛나는 개성은 도시공간에 깊고 강한
서사를 부여한다. 디자인의 강약 조절이 만들어내는
감각적 리듬은 도시를 탐험하는 즐거움을 풍성하게 한다.

2 정돈된 개성

개성과 조화

인간은 개성 발현에 평생의 시간을 바친다. 심리학자 에이브러햄 매슬로Abraham Maslow의 '욕구 단계론'에 따르면 우리는 생존과 안전 등 가장 기본적인 욕구들이 충족되면 더 상위의 것들을 추구한다. 상위 욕구는 개성 발현과 인정에 대한 갈망을 포함하는데, 이 과정에서 디자인은 훌륭한 수단이 된다. 인간은 자신을 둘러싼 디자인 언어로 자신의 개성과 존재를 드러내려 하기 때문이다. 우리는 옷과 액세서리뿐만 아니라 헤어 스타일·필기도구·주방 도구·자동차·거주 공간, 나아가 신용카드까지 다양한 형태와 디자인 선택에 적잖은 시간과 돈을 투자한다. 디자인이 수많은 제조 산업의 핵심 전략으로 자리 잡은 이유도 이와 일맥상통한다. 기능만큼이나 디자인도 혁신적이었던 애플의 아이폰, 영국의 유니언잭을 아이코닉하게 디자인한 미니쿠퍼가, 나이키의 스포티하지만 단정한 에어포스 원이 각 회사의 효자 노릇을 해 온 것은 우연이 아니다. 인간은 보다 쿨하고, 창의적이고, 아름다운 것을 추구하기 때문이다.

한편으론 인간은 디자인 선택에 있어 마냥 화려한 디자인만을 추구하진 않는다. 디자인 수가 많아지고 규모가 커질수록 그러하다. 개성적 디자인들이 잘 정돈될 때 비로소 그 미적 시너지가 증폭되기 때문이다. 우리는 화려한 가방·신발·옷을 조합할 때 무엇보다도 균형이 중요하다는 것을 안다. 또한, 그림 작품을 집 안에 배치할 때, 최적의 조합을 찾고 관리하려는 노력 역시 정돈의 가치를 나타낸다. 주로 작은 규모에선 개성적 화려함을, 큰 규모에선 조화적 정돈을 추구한다. 우리는 이 시각적 개성과 조화라는 상반된 개념 사이 적절한 균형점을 유지하려 한다.

　조화롭게 구성한 개성의 가치는 도시설계에서도 분명 살아 숨 쉰다. 저마다 화려한 외관을 뽐내는 요소들로 구성된 도시는 분명 인상적이지만 피로감을 느끼기 쉽다. 중국 상하이 푸둥 지역의 마천루를 밝히는 형형색색의 조명과 건물 외관이 그러하다. 반면, 지나친 통제와 관리로 개성이 죽은 공간의 연속은 지루하다. 대치동 은마아파트와 잠실 주공아파트 등 1970~1980년대에 걸쳐 대규모로 건설된 서울의 기능주의적 아파트 단지들이 이 경우일 것이다. 즉 인간은 조화로운 심미적 가치를 추구하며, 이 균형점은 성공적 도시 디자인의 필수 조건이다. 그렇다면 여러 요소를 개성과 조화를 균형적으로 설계하고 관리하는 도시는 어디일까? 세상에 완벽한 것은 없다지만, 나는 런던을 통해 질문에 답하고자 한다. 이 장에서는 런던을 구성하는 요소들이 어떻게 균형을 이루는지 탐험한다.

상하이 푸둥의 밤
무지개빛 건물들은 화려하지만, 때로는 흑백사진처럼
색을 통일한 경관이 정돈된 도시의 멋을 전달할 수 있다.

도시라는 도화지 위 건축이라는 그림들

높이의 위엄을 뽐내는 고층 건물과 도시의 랜드마크들을 떠올려보자. 우리는 일반적으로 화려함이 가득한 도시만이 멋지다고 생각하는 경향이 있다. 도시가 사회적·문화적·경제적·물리적 클러스터임을 고려할 때, 이러한 도시가 좋은 도시라 느끼는 것도 어쩌면 무리는 아니다. 그러나 괜찮은 도시 디자인으로 꼽히는 사례들은 아이러니하게도 규제와 선진적 정책으로 단정한 모습을 만드는 작업에 집중하는 것을 볼 수 있다. 보스턴·싱가포르·파리·암스테르담·교토가 바로 그 예다. 이처럼 세계의 많은 도시는 개별적 건축물뿐 아니라 그 조화에 집중하여 하나의 이미지를 창출한다.

몇 가지 질문이 떠오를 수 있다. 도시 디자인의 개성과 조화 사이 어느 것을 우선해야 할까? 나아가 그 둘의 위계는 어떻게 설정할 것인가? 여기서 나는 정돈이 개성을 위한 무대가 되어야 한다고 주장한다. 규모가 클수록 변화의 유연함이 낮기 때문이다. 예컨대 한 번 구성된 도시설계는 언제든 갈아입는 티셔츠처럼 쉽게 바꿀 수 없다. 폐업한 백화점이나 모텔을 쉽사리 다른 용도로 재활용하지 못하는 이유와 같다. 공간 변화는 고도의 신중함과 그에 따른 긴 시간을 요구한다. 유럽·일본·미주 국가 도시 개발이 최소 한 세대의 시간에 걸쳐 점진적으로 진행되는 이유가 여기에 있다. 즉 도시 골조를 단정하게 정돈하고, 그 위에 몇 가지 화려한 액세서리를 조화시켜야 한다. 그 순서와 영향력이 뒤바뀐다면 바로잡는 데에 더 많은 노력과 시간이 요구되기 때문이다.

개성과 조화의 적절한 균형을 위해서는 타협하지 않는 건축 환경의 규제가 필요하다. 건축 환경은 건축물 간의 형태·색상·높이·재료·폭을 비롯해 도로와 오픈 스페이스의 유사 디자인을 의미한다. 옥스퍼드 서커스에서 피커딜리 서커스로 이어지는 런던의 리젠트 거리 Regent Street를 걸어본 적이 있는가? 나선형으로 뻗은 통일감 있는 이 거리는 시민과 방문자에게 심리적 안정감을 전달한다. 그리고 이는 우연의 결과가 아니다. 영국 건축가 존 나쉬John Nash가 계획한 성과다. 각각의 건물은 회색 석회암인 포틀랜드석을 사용하여 지었고, 건축 디자인은 에드워드 양식Edwardian architecture의 블록 형태로 통일감 있게 설계되어 정돈된 이미지를 전달한다. 나아가 건물이 평균 6층 높이로 구성되어 단정한 스카이라인을 만든다. 이러한 정돈의 결과는 강력한 규제 아래 가능한 것이다.

정돈된 공간 디자인은 심리적 안정감을 제공할 뿐만 아니라 소수의 랜드마크를 더욱 빛나게 한다. 리젠트 거리를 들여다보자. 단정하게 늘어선 회색빛 건물들 주변에서 몇 가지 진주들이 방문객의 눈을 사로잡는다. 세계적인 장난감 가게인 햄리즈Hamleys와 백화점인 리버티Liberty London가 대표적 예다. 햄리즈는 회색빛 건물 위 붉은 테마색을 활용하여 아이코닉한 브랜드 휘장, 출입구 및 진열 공간을 드러낸다. 반면, 리버티는 목재를 활용한 튜더 리바이벌Tudor Revival 건축 양식의 멋을 뽐낸다. 주변 환경과 대비되는 디자인은 보행자의 시선을 빼앗으며 상업적 랜드마크 기능을 강화한다. 공간의 선택과 집중, 강약 조절은 시민의 심리적 안정감을 향상하는 동시에 도시공간의 다채로움을 확보할 수 있는 필수 설계 전략이다.

리젠트 거리

옥스퍼드 서커스와 피커딜리 서커스를 이어주는 리젠트 거리는
에드워드 양식 건축물이 페리미터 형태로 설계되어 통일감 있는 경관을 만든다.

햄리즈 장난감 가게

세계에서 가장 오래된 장난감 백화점은 붉은색 디자인으로 존재감을 과시한다.

리버티 백화점

석회석 건물들 사이 목조 건축물인 리버티 백화점은 장소의 주인공 역할을 자처한다.

다양한 쉼의 공간과 적절한 분배

도시는 분명 스트레스의 장소다. 높은 건축 밀도와 인구밀도 탓에 발생하는 소음과 공해는 긴장과 피로를 유발한다. 그렇기에 쉼의 공간은 시민의 삶의 질 향상에 필수적이다. 가장 보편적인 쉼의 공간은 녹지다. 수많은 연구 결과가 녹지를 품은 공공공간이 개인의 스트레스와 불안 감소와 긍정적 감정 유발에 효과적이라고 말하기 때문이다. 이와 같은 이유로 도시 속 녹지 공간은 그 생태학적 기능뿐만 아니라 시민의 정신적·육체적 건강 증진을 위한 여가의 장소로 널리 활용되어 왔다. 스트레스로부터의 탈출구이자 적절한 만남과 소통을 위한 대중적 아지트의 필요를 녹지 공간이 충족시키기 때문이다.

그러나 도시의 현실은 이상과 다르다. 서울을 예로 질문을 던져보자. 스트레스에서 벗어나기 위해 찾아가는 서울의 녹지 공간들은 과연 어디인가? 우리는 사람을 만나거나 쉼을 위해 얼마나 높은 빈도로 이곳들을 방문하는가? 이 공간들의 접근 편의성은 어떠한가?

우리는 경험적으로 쉼을 위한 공공공간들이 풍족하지 않거나 혹은 접근성이 떨어진다는 사실을 안다. 어찌 보면 자연스럽다. 서울 내 공원 중 높은 비중을 차지하는 도시 자연공원, 즉 8개의 외산, 이를테면 용마산·덕양산·관악산·북한산과 내산인 낙산·인왕산·남산·북악산과 그 자락들, 한강과 그 줄기들인 탄천·중랑천 등은 마음먹고 찾아가야 하는 장소다. 지역 공원 역시도 어린이 놀이터와 소수 커뮤니티만을 위한 대규모 아파트 공원을 제외하면, 편히 활용 가능하고 잘 설계된 공공녹지 공간은 여전히 부족한 실정이다. 따스한 봄날과 쾌적한 가을날에도 낙성대공원·효창공원보다 그 옆 스타벅스가 더 붐비는 현

2 정돈된 개성

상은 결코 우연이 아니다.

혹자는 습한 여름과 추운 겨울 등 한국의 극단적 날씨의 특성이 녹지 공간 이용을 방해하기 때문이라 말할 수도 있다. 또한, 광장 문화가 발달한 서양과 달리 우리의 인식 속에 깊게 자리한 한국의 방 문화가 실내 공간 활성화에 미친 영향도 무시할 수 없을 것이다. 그럼에도 뉴욕·로스앤젤레스·파리·로마·하와이·시드니 등에 방문한 많은 한국 관광객은 적극적으로 야외 공공공간을 찾는다. 이는 국내 도시에서의 이용 방식과 분명 대조된다.

쉼의 공간에서도 개성과 조화의 균형은 중요한 가치다. 녹지와 공공공간의 규모와 분배에서 다양성이 결여되면 그 긍정적 기능은 더욱 약화하기 때문이다. 가령 도시에서 단일한 거대 중앙 녹지 공간만이 조성된다면 그 장소가 기능하는 범위는 지리적으로 매우 제한될 수밖에 없다. 남산과 한강 변 그리고 서울숲과 같이, 서울의 대표적 쉼의 공간들은 이처럼 규모는 크지만 개수가 적다. 이는 우리가 쉼의 공간을 찾아갈 때 마음먹고 준비하고, 오랜 시간 걸려 가는 이유기도 하다. 소수로만 존재하는 대규모의 공원들은 특정 지역의 부동산 가격을 상승시키며 주변 커뮤니티만을 위한 공간으로 전락하기도 한다. 분명 도시의 중심적 거대 공공공간은 분명 필수 불가결하다. 다만 규모의 다양성을 고려한 조성, 접근 가능한 공간과의 조화 역시 중요하게 고려되어야 한다. 녹지는 사유지가 아닌 모두에게 열린 공간이 되어야 하기 때문이다.

런던의 녹지는 다양성과 지역적 분배, 설계 측면에서 완성도가 높다. 이곳에는 도시 단위 규모 공원뿐 아니라 지역 단위의 소규모 공

런던(상)과 서울(하)의 녹지 공간의 양과 패턴
서울의 1인당 생활권 도시공원 면적을 수치로 분석해 보면 2023년 기준 16.2m²로
절대 부족하지 않다. 2000년도 당시 5.0m²에 불과했던 수치는 서울시의 적극적인 녹지사업
이후 많이 증가했다. WHO에서 권장하는 1인당 면적인 9.0m²를 웃돈다.

원과 광장들이 촘촘하게 자리하기 때문이다. 먼저 대규모 공원을 보자. 도심만 하더라도 뉴욕 센트럴 파크의 전신인 서쪽의 하이드 파크와 셜록 홈스의 집이 있는 북쪽의 리젠트 파크, 버킹엄궁과 인접한 그린 파크, 피커딜리 서커스 쪽의 세인트 제임스 파크 등 수많은 공간이 도시의 마당 역할을 한다. 그뿐 아니라 특정 대규모 아파트 단지와 8차선 이상의 강변북로 및 올림픽대로가 점령한 한강 변과는 달리 템스강 변은 대부분 지하철역과 높은 접근성을 보여주며 접근이 쉬운 공공공간을 도시 구성원들에게 제공한다.

더 중요한 점은 소규모 공공공간이 동네마다 깊이 침투해 있다는 것이다. 타비스톡 스퀘어Tavistock Square·러셀 스퀘어Russell Square·소호 스퀘어Soho Square·코람 필드Coram's Fields 등 지역마다 잘 관리되는 크고 작은 커뮤니티 공원과 녹음이 있는 광장들은 개인의 사유·사교·여가를 위한 장소가 된다. 소규모 녹지 공간의 적절한 분배로 런던 시민들은 5분만 걸으면 녹음의 장소로 탈출할 수 있는 권리를 누린다. 이러한 특징은 개인의 정서적 안정과 삶의 만족도를 높인다. 나아가 보다 여유 있는 삶의 패턴과 문화, 대면 만남의 가치를 중요시하는 사회 분위기 형성에 일조할 수 있다. 런던을 배경으로 한 로맨스 영화 '노팅힐'의 마지막 장면은 이러한 환경을 단편적으로나마 보여준다. 아이들이 뛰어노는 로스미드 정원Rosmead Gardens에서 여유롭게 주말을 즐기는 휴 그랜트와 줄리아 로버츠의 모습으로 말이다.

도시에서 휴식을 취할 수 있는 공공공간은 숲·공원·광장에 마련된 벤치와 같은 공식적 좌식 공간에만 한정되지 않는다. 사람들은 때때로 이러한 공식적 공간을 벗어나, 일상적으로 사용되지 않는 비공식적 좌식 공간에 새로운 의미를 부여하며 휴식을 취한다. 비공식적 장소는 우리가 흔히 지나치기 쉬운 계단·낮은 담벼락·넓은 펜스·화단의 모퉁이와 같은 자투리 공간을 말한다. 이러한 장소들은 본래 설계된 의도와는 다른 방식으로 사용되며, 보행자가 자연스럽게 잠시 멈춰 쉴 수 있는 공간이 된다.

비공식적 쉼터는 마치 오아시스의 물과 같다. 비록 정수된 물처럼 항상 깨끗하지는 않더라도, 그 자체로 가치 있는 생명을 유지하게 한다. 비공식적 좌식 공간도 마찬가지다. 벤치처럼 편안하지는 않더라도 이곳에 잠시 머무는 시간은 더 자유롭고 색다른 경험을 제공한다. 런던에서는 많은 사람이 타워 브리지 근처 보행로에서 도시의 스

하이드 파크

대형 공원은 광범위한 녹지 공간과 다양한 오락 시설을 통해 시민들에게 더 풍부한 여가 활동을 제공하며, 대규모 문화 행사나 축제와 같은 공동체 이벤트를 개최할 수 있는 장소로 기능한다. 또한, 생태계 보전을 위한 다양한 서식지를 제공함으로써 도시의 생물 다양성을 유지하는 데에 이바지한다.

러셀 스퀘어

런던 곳곳에 중소 규모 공원이 흩뿌려져 있다. 도보로 접근이 쉬워 지역 주민들의 사회적 교류와 신체적 활동을 촉진하는 중요한 허브 역할을 한다. 이런 공원들은 도시의 다양한 공간에서 일상을 풍요롭게 만드는 필수 요소다.

2 정돈된 개성

퀸스 워크 The Queen's Walk 거리
시민들은 난간에 걸터앉거나 기대며 각자의 방식으로 도시를 바라본다. 사람들을 공공공간에 머무르게 하려면 공식적 좌식 공간의 제공과 배치도 중요하다. 그러나 진정한 열쇠는 그 주변에서 어떤 경험을 할 수 있는지, 비공식적인 공간에서 편안히 쉴 수 있는 사회적·문화적 환경이 조성되어 있는지에 달려 있다.

카이라인을 감상하며 주변의 경계석이나 낮은 벽에 걸터앉아 휴식을 취하는 모습을 쉽게 볼 수 있다. 쉼보다 이동의 기능에 중점을 둔 공간이라 해도 시민들은 때로 그 공간에서 자연스럽게 쉬어가며 도시를 더 풍부하게 경험하고자 한다.

도시공간 내에서 이러한 비정형적 쉼의 공간이 어떻게 활용되고 있는지를 살펴보는 일은, 도시설계가 단순한 기능적 공간 제공을 넘어 시민들의 창의적인 공간 활용을 돕고, 그 결과로 더욱 풍부하고 다채로운 경험을 창출한다는 사실을 일러준다.

멈춤의 장소인 에로스 동상 계단

계단은 비공식 좌식 공간으로서 편리함과 자유로움을 제공하며, 사람들이 잠시 머물며 도시 흐름을 관찰하고 일시적인 쉼을 취할 수 있는 공간이다. 또한, 이곳은 넓은 도로와 주요 상업 구역 사이에 있어, 이동 중 잠시 쉬어가는 이상적인 장소로 기능한다.

넬슨 동상 앞 비공식적 좌식 공간

계단과 같이 통로 공간 역시 종종 쉼의 공간으로 활용된다.

공간 구성원의 개성과 조화

도시 디자인의 질은 도로·블록·건물·필지와 같은 도시 유형학적 요소만으로 결정되지는 않는다. 공간을 채우는 구성원 역시 중요한 요소다. 우리는 도시공간의 설계자이자 사용자이며, 장소의 질을 판단하는 주체이자 객체이기 때문이다. 그렇기에 타인의 모습과 사회적 교류의 빈도 및 질과 같은 요소가 인간의 장소 인지 과정에 영향을 미치기도 한다. 가령 도시학자 제인 제이콥스의 '가로 위의 눈Eyes on the street' 개념 또한 이러한 특성을 기반으로 한다. 그는 아무도 없거나 낯선 이가 한두 명 있는 거리보다, 더 많은 사람이 오가는 거리에서 더 큰 안정감을 느낀다고 설명한다.[9] 활발한 거리 속 수많은 인파의 시선이 우리를 보호하고 그로 인해 잠재적 범죄로부터 안전해질 수 있기 때문이다.

장소를 구성하는 인구통계학적 특성 전반을 보면 나이·성별·인종·종교 등 구성원의 특징은 도시공간의 질에 영향을 미치는 요소일 것이다. 한 커뮤니티가 단일 가치만 추구하는 이들로 구성될 때 그 집단은 결정과 실행의 추진력에서 이점을 가지지만, 상대적으로 창의적 사고를 장려하는 환경과는 거리가 멀다. 오늘날 사회에서 도시 구성원의 단일화 양상은 결코 널리 장려되지 않는다. 특히 범지구적으로 확산된 지식산업의 가치와 개인의 사고 및 창의성에 영향을 미치는 정보 생성형 AI 기술의 영향력을 고려한다면 더욱 그러하다. 사회 진화와 도시 발전을 주도하는 열쇠는 결국 창의적 사고에 있다.

장소 구성원의 질 역시 도시 환경에 영향을 미친다. 불량한 사람들이 많고 집단 흡연·음주·마약 투약 등이 빈번히 발생하는 공공공간이 있다면, 시민들은 높은 불안감과 긴장감을 느끼며 이 장소가 적절히 관리되지 않는다고 낙인찍는다.[10] 기업과 정부의 개입이 없다면 시민의 부정적 인식은 장소의 평판을 낮추고, 그 장소를 건강하게 활용할 인구 유입을 방해할 것이다. 이러한 과정은 악순환을 형성하며 중장기적으로 장소의 질을 저하시킬 수 있다.

특히 흥미로운 관점은 장소 구성원들의 활동과 목적의 다양성이다. 여기서 한 발짝 더 들어간다면 도시공간 구성원 중 관광객이 적절하게 섞여 있어야 한다. 물론 관광객들이 잘 설계된 도시와 공간에 몰려드는 것은 당연한 현상이다. 우리 역시도 관광 때는 단순한 장소보다는 상업과 주거 공간이 혼합된 장소를 선호하며 걷기 편한 장소와 안전한 길을 택한다. 그러나 높은 관광객 비율 그 자체가 도시 디자인의 질에 미치는 영향을 주목할 필요가 있다.

더 몰 The Mall 거리

설렘과 호기심이 도시공간에 생동감을 불어넣는다. 시민들은 외부로부터 온 관광객의
긍정적인 에너지를 느낄 수 있으며, 이는 도시공간에 대한 새로운 시각과 흥미를 갖게 한다.

2 정돈된 개성

　세계인의 관광 목적지인 런던을 예로 들어보자. 이 도시 어느 거리에서든 6개의 다른 언어를 들을 수 있다는 말이 있다. 조금 과장되었지만 사실에 가깝다. 런던은 유학생과 이민자 특히 관광객들로 1년 365일 붐비기 때문이다. 한 장소에 다양한 언어가 공존한다는 것이 때로는 듣는 이를 피곤하게 만들 수 있지만, 다양한 구성원들이 함께한다는 증거이며, 폭넓은 문화와 여러 작은 커뮤니티, 그리고 그것에 영향받은 다양성 넘치는 환경에 노출되어 있음을 의미한다. 다양성은 특정 장소를 넘어 커뮤니티와 도시 규모에서 상호작용을 하며, 이 과정을 통해 새로운 기회들을 창출할 수 있다.
　이뿐 아니라 나의 언어가 다른 사람들에게 전달되지 않을 수 있다는 가능성을 암시하기도 한다. 혹자는 답답하게만 바라볼 수 있지만 이러한 상황이 때로는 익명성에서 오는 개방감을 제공하며, 마음의 여유를 만들고, 나를 둘러싼 주변을 느끼고자 하는 감각을 깨울 수 있다. 이와 같은 환경은 언어를 공유하는 소수 집단이 특별한 유대감을 형성하는 데에도 도움이 된다. 언어가 다른 유럽과 미국 등의 나라에서 로맨스를 즐기는 수많은 한국인 커플처럼 말이다.
　관광객에겐 명확한 목적이 있다. 주어진 시간 동안 기억에 남을 만한 경험을 하는 것이다. 그들은 이를 위해 준비하고, 실행에 옮겼으며, 멋진 경험을 할 기회를 도시 곳곳에서 포착하려 한다. 이때 그들의 공통된 감정 중 하나는 바로 들뜸과 설렘이다. 관광객들은 일상의 환경과는 다른 곳에서 그 감정을 즐기며 각자의 방법으로 그 자유로움을 만끽한다.
　인간은 타인의 감정을 느끼고 공감할 수 있도록 진화해 왔다. 우리의 감정은 다른 이로부터 포착될 수 있고, 나아가 그들의 감정을 설득할 수 있다. 도시공간에서 설렘은 목소리의 높낮이와 말의 속도·표정·몸짓·걸음걸이 등으로 발산되며, 이는 다른 이들에게 전파된다. 어느 주말 오전, 템스강 변 런던 아이 앞에서 뛰어노는 아이들의 모습이 일본인 노부부를 미소 짓게 하고, 그 광경 속 사람들이 여유로움을 즐기는 것처럼 말이다. 이처럼 관광객이 퍼뜨리는 설렘의 에너지는 도시의 분위기를 바꾼다.

관광객은 높은 구매력과 구매 의지를 지니고 있다. 타지에 머무르며 즐기는 시간과 에너지마저 그들에게는 기회비용으로 계산되기에 그들의 지갑은 대개 열려 있다. 관광객은 지역 경제에 돈의 흐름을 촉진하는 윤활유다. 지역의 서비스와 재화는 소비되고, 더 많은 상업 시설이 기회를 찾아 생성되며, 순환을 통해 지역 상권은 더욱 활기를 띈다. 도시는 더 많은 관광객을 유치하기 위해 더 적극적으로 도시공간을 설계하고, 보수하며, 관리한다. 이처럼 적절한 관광객의 비율은 도시공간의 질을 높이는 데에 이바지한다.

미래를 위한 도시공간의 조화로운 개성

도시설계는 단순한 미적 작업을 넘어 건축 환경·자연환경·인간을 포함한 여러 요소가 상호작용을 하여 이루어지는 종합적인 과정이다. 건축물은 도시의 스카이라인을 형성하고, 자연환경은 생태계를 유지하며, 사람들은 그 안에서 다양한 활동과 상호작용을 통해 거리를 생동감 있게 만든다. 도시는 인간이 만들어낸 가장 거대한 생산물 중 하나로, 그 디자인은 단순히 화려함을 추구하는 것이 아니라 다양한 요소들이 어떻게 조화롭게 연결되고 기능하는지를 세심하게 고려해야 한다.

도시설계에서의 적절한 균형점은 구성원들에게 강렬하면서도 담백한 도시공간을 제공하는 중요한 덕목이다. 이 과정은 일상 경험을 풍부하게 하며, 사람들이 도시공간을 어떻게 이용하고, 느끼고, 기억하는지 정한다. 이러한 디자인의 노력이 지속된다면 우리는 후대에게 더 나은 도시 환경을 물려줄 수 있을 것이다. 이는 단순한 물리적 공간의 제공을 넘어서 사람들의 삶의 방식을 더욱 의미 있게 만드는 일이다.

"우리는 장소를 만들고, 장소는 우리를 만든다."

얀 겔Jan Gehl의 말처럼 이러한 도시공간은 시민들이 여유로우면서도 지루할 틈이 없는 삶의 방식을 찾아가는 데에 중요한 역할을 할 것이다.

3
자존감의 장소

런던 부심은 어떻게 설계되는가?

자부심이 느껴지는 도시는 시민들에게 선택권을 제공한다. 유서 깊은 건축물과 현대적 랜드마크, 고요한 공간과 활기찬 장소가 조화를 이루며, 과거와 미래가 공존할 때 도시는 정체성을 갖는다. 런던이 사랑받는 이유도 웨스트민스터의 전통과 카나리 워프의 혁신, 프림로즈 힐의 고즈넉함과 소호의 역동성이 균형을 이루기 때문이다. 시민들은 자신이 애착을 느끼는 공간에서 소속감을 형성하며, 이는 도시를 더 나은 곳으로 가꾸려는 책임감으로 이어진다.

개인의 자부심과 도시의 연결 고리
인간은 언제나 성장을 추구해 왔다. 퇴보를 꿈꾸며 살아가는 사람은 극소수일 것이다. 우리는 개인의 더 윤택한 삶을 향한 끝없는 욕심을 동력 삼아 더 방대한 지식과 재산을 원하며, 더 높은 사회적 지위와 명성을 얻고 싶어 한다. 이러한 욕망은 더 나은 삶을 살고자 하는 본능적인 충동에서 비롯된다.

도시는 이러한 인간의 욕망이 집단적으로 반영되는 장소다. 재화·서비스·정보의 생산과 교환이 더 효율적으로 이루어지기 위해 도시는 더 많은 인구를 수용하고, 더 높은 빌딩을 세우며, 더 풍요로운 시설을 갖추는 방향으로 발전했다. 물론 이 같은 성장 지향적 기조가 때로는 축소를 피할 수 없는 몇몇 도시들의 재건 과정에서 방해가 되기도 하지만, 지금껏 불의 발견, 활자와 기계의 발명, 그리고 통신의 발전으로 인류가 이 행성의 주인이 되어왔던 것은 결국 이러한 끊임없는 성장 중심적 문화 덕분이다.

성장에는 방향과 전략이 필요하고, 이때 인간은 비교라는 도구를 사용한다. 비교의 과정은 크게 2가지로 구분되는데, 하나는 자신의 과거와 비교하며 스스로 얼마나 발전했는지 확인하는 것이고, 다른 하나는 타인과의 비교다. 한 분야에 획을 그은 거장들은 인터뷰에서 종종 '자기 자신과의 경쟁'을 강조하지만, 자신의 부족함과 한계를 정면으로 마주하는 것은 고통스럽고 복잡하다. 반면, 타인과의 비교는 더 보편적이다. 타인의 성과와 모습을 관찰해서 얻은 외부 정보는 상대적으로 단순하고, 명확하며, 비교적 덜 고통스럽다. 그래서 인간은 끊임없이 타인과 자신을 비교하며 성장 방향을 설정한다.

비교는 더 높은 자부심을 위한 과정이다. 시험에서 상대 평가적으로 높은 성적을 받거나, 빨리 승진할 때, 또한 경기에서 승리할 때 느끼는 자부심처럼 우리는 다양한 상황에서 비교를 통해 자부심을 얻는다. 이러한 비교는 학위나 직장·소득 같은 무형적인 것뿐만 아니라 집의 크기, 동네의 부유함, 도시의 발전 수준 같은 공간적인 요소에서도 나타난다. 넓고 전망 좋은 집에 살거나 발전된 도시에 거주하는 것이 개인의 자부심을 높여주는 이유다.
　　자부심은 단순한 만족에서 그치지 않는다. 우리는 한 성과를 달성하고 그것이 자신과 타인에게 긍정적으로 인지될 때 자부심을 얻는다. 이 감정적 보상은 분명 중독적이다. 성공의 경험은 더 많은 도전과 성취를 향한 열망의 씨앗이 되어 개인의 추가적 발전을 촉진한다. 고기도 먹어 본 사람이 더 잘 먹는다는 말처럼, 자부심이란 끝없는 욕심을 가진 우리에게 지속적인 발전을 추구하게 하는 동력이다.
　　물론 비교와 자부심에 대한 부정적인 시선도 있다. 그럼에도 비교로 얻게 된 자부심이 개인뿐만 아니라 사회 전체에 긍정적으로 작용할 때가 있다는 점은 분명하다. 가령 개인이 느끼는 자부심은 그들이 속한 지역 사회에 대한 만족도와 소속감을 강화하고, 궁극적으로는 도시 활성화와 공동체 형성으로 이어질 수 있다. 한 도시의 시민들이 적절한 수준의 자부심을 가지고 있다면 이는 도시의 매력을 더욱 부각하고, 다른 사람들을 끌어들이는 힘이 된다.
　　한 가지 질문이 떠오를 수 있다. 과연 시민들이 자부심을 느끼게 하는 도시는 어디일까? 나는 런던이 가진 힘의 정수는 시민들의 자부심에서 비롯된다고 본다. 그 한 가지 예는 시민에게 주어지는 명칭이다. 미국 뉴욕의 시민은 뉴요커, 프랑스 파리의 시민은 파리지엥으로 불리는 것처럼, 영국 런던의 시민에겐 런더너라는 호칭이 붙는다. 이는 단순히 해당 도시에 거주하는 사람을 가리키는 것을 넘어 시민들이 그들이 속한 도시의 독특한 정체성에 동참하고 있다는 자부심을 반영한다.

그렇다면 런던이라는 도시가 개인에게 주는 자부심의 근원은 무엇인가? 물론 도시의 높은 경제 수준과 발전의 정도는 이 감정을 떠받치는 핵심 요소일 것이다. 단편적으로 생각하자면 자본주의 경제 체제에서 재화와 서비스가 풍부한 도시는 더 살기 좋은 도시로 여겨지기 때문이다. 그러나 이것들이 전부는 아니다. 도시공간의 설계와 체제, 그로 인해 형성되는 사회와 문화 등 다양한 요소가 런던 시민의 자부심 속에 스며들어 있다. 이번 장에서는 개인의 자부심을 향상시키는 런던의 도시학적 요소를 알아보고자 한다.

유산과 혁신의 교차점

도시의 기록은 세대를 넘어 전해져야 한다. 특히 영광의 기록을 보여주는 랜드마크라면 더욱 그러하다. 건축 공간에 묻어 있는 화려한 과거의 흔적은 건축적 가치를 넘어 시민의 자부심으로 연결되는, 도시 정체성 형성에 결정적인 역할을 하기 때문이다. 이는 장소성의 가치를 강조했던 도시학자 케빈 린치 Kevin A. Lynch의 주장에서도 확인된다. 그의 대표 저서 『The Image of the City』에서는 사람들이 랜드마크를 기준으로 도시를 인지하고 기억한다는 점을 설명한다.[11] 그만큼 찬란한 도시의 정체성은 그곳에 터전을 둔 시민들을 더 특별하게 만들고, 그들의 자부심을 고무시킬 수 있다. 런던에서 이러한 장치가 잘 드러난다. 이 도시는 과거의 영광을 기념하기 위해 웨스트민스터 사원과 빅벤 같은 상징적 건축물을 유지해 왔고, 랜드마크들은 오늘날에도 런던 시민과 방문객에게 도시의 문화적 정체성을 자신 있게 드러내고 있다.

도시민의 자부심을 높이는 랜드마크가 지닌 중요한 특징은 바로 다층적인 시간의 축적이다. 영광의 시기가 과거에만 머무르는 것이 아니라 현대에도 진행 중임을 보여주기 때문이다. 런던의 현대적 랜드마크인 거킨 St Mary Axe · 워키토키 Fenchurch Building · 로이드 뱅크 Lloyd's building 사옥을 비롯한 뱅크 지역과, 카나리 워프 지역의 수많은 고층 건물은 이 도시가 과거뿐만 아니라 21세기에도 세계 금융시장의 허브로서 위상을 유지해 왔음을 시각적으로 드러낸다. 또한, 2020년 기준으로 유럽연합 내에서 가장 높은 빌딩인 약 310m 높이의 더 샤드도 유리로 된 독특한 구조로 도시의 스카이라인에 혁신적인 이미지를 더하고 있

3 자존감의 장소

세인트폴 대성당(좌)과 뱅크 지역(중)
템스강 주변으로 배치된 건축물들은 다양한 시간의 켜를 융합적으로 보여준다.
그 덕에 도시는 살아 있는 박물관이 된다.

다. 이처럼 현대적 랜드마크는 글로벌 도시로서의 경제적 성공과 미래를 향해 나아가는 도시의 발전을 상징하며, 시민들에게 현대적 자부심을 제공한다.

그러나 랜드마크의 존재만으로 자부심이 형성되는 것은 아니다. 그 배치가 도시에 이야기를 부여하고, 공간 경험을 풍부하게 만들어야 한다. 어느 공공공간에 머무르며 도시를 바라볼 때, 랜드마크들이 어떻게 배치되어 있는지에 따라 그 공간에 대한 감정적 유대감이 다르게 형성되기 때문이다. 런던은 랜드마크의 배치를 통해 과거와 현재의 영광을 하나로 연결하는 독특한 도시 경험을 제공한다. 런던의 중심을 가로지르는 템스강은 이러한 서사를 잘 보여주는 장소다. 대표적인 관광 포인트인 웨스트민스터 지역부터 바라보자. 개인적으로 좋아했던 주빌리 풋브리지 다리 위에서 강을 바라보면 한쪽은 국회의 사당과 빅벤이, 다른 쪽은 밀레니엄 당시 세계에서 가장 큰 관람차였던 런던 아이와 마주 보고 있어 도시의 과거와 현재의 발전이 공존함을 보여준다. 이러한 전략적 배치는 시민들에게 그들이 살고 있는 도시의 정체성과 발전을 직관적으로 느끼게 해주며, 자신이 그 역사의 일부임을 깨닫게 한다.

　강변을 따라 동쪽으로 발걸음을 옮기면 다양성을 고려한 세심한 배치를 더 깊이 체험할 수 있다. 북쪽에 영화 '러브 액츄얼리'의 주인공들이 스케이트를 타던 서머싯 하우스와 남쪽에 자리한 현대적 문화 공간인 로열 페스티벌 홀·퀸 엘리자베스 홀·내셔널 극장이 대조를 이룬다. 동쪽으로 더 걸어가면 북쪽에는 과거 런던 스카이라인의 기준점이었던 세인트폴 대성당, 남쪽에는 영국 근현대 미술의 집합소인 테이트 모던이 시야에 들어온다. 이 과거와 현대의 시간을 밀레니엄 브리지가 연결하고 있다. 동쪽으로 더 나아가 런던 브리지 근처를 걷다 보면 과거 영국 왕실의 성이었던 런던탑, 유리로 뒤덮인 달걀 모양의 런던시청 건물이 강을 중심으로 마주하고 있으며, 19세기 영국 건축 기술의 정수를 담아낸 타워 브리지가 이 둘을 연결하고 있다. 수 km에 달하는 템스강 보행로는 그 자체로 도시사 전시관이 된다. 시민과 방문객은 여기서 런던이 어떻게 전통과 현대의 전성기를 결합해 나아가고 있는지를 시각적으로 체감한다. 이곳을 걷는 시민들은 자신이 역사의 한 부분에 자리하고 있음을 느끼며, 자부심이 고취된다.

개인적 장소 애착과 도시에 대한 자부심

이번에는 개인의 주체적 경험에 집중해 보자. 시민의 자부심은 도시 단위의 랜드마크와 배치, 그리고 이를 연결하는 보행로와 같은 도시 설계 요소보다도 일상에서 마주하는 작고 다양한 공공공간들의 유무와 그 빈도가 더욱 크게 좌우한다. 시민들이 가장 많은 시간을 할애하는 공간은 도심의 웅장한 랜드마크가 아니라 집 앞 작은 공원, 내가 애정하는 조용하고 멋진 카페, 오래되었지만 좋은 추억을 간직한 식당, 뒷동산의 뷰 포인트, 그리고 매일 걸어가는 보행로이기 때문이다. 이처럼 일상 공간들을 통해 소속감을 느끼고 그 공간을 사랑하게 될 때, 커뮤니티와 도시 전체에 대한 애착이 형성된다. 이는 방문자들에게도 이 공간의 경험을 공유하고 싶어 하는 마음으로 이어지며, 결과적으로 도시의 자부심을 공고하게 해준다. 따라서 일상과 밀접한 작은 환경들이 고품질로 유지될수록 시민들은 자연스럽게 자신이 속한 도시의 매력을 인식하게 된다.

나는 샬럿 스트리트에서의 식사, 초크팜 지역 프림로즈 힐에서 생각을 정리하는 일, 러셀스퀘어 브런즈윅의 노천 카페에서 장을 보는 사람들을 구경하는 일, 램스 컨듀잇 스트리트의 지역 상점에 방문하는 등의 일상을 사랑한다. 샬럿 스트리트는 옥스퍼드 스트리트와 토트넘 코트 로드 교차로의 뒤에 위치하며, 사시사철 관광객으로 붐비는 주변 거리와 달리 길가에 늘어선 작고 조용한 레스토랑과 카페는 일상의 여유를 품고 있다. 관광객도 찾아오지만, 여전히 동네 주민들이 더욱 자주 찾는 프림로즈 힐 Primrose Hill 은 도시의 스카이라인을 조용히, 무료로 조망할 수 있는 도시의 벤치다. 러셀 스퀘어의 브런즈윅

프림로즈 힐에서 바라본 런던 전경
리젠트 공원 북쪽, 약 80m 높이의 작은 언덕을 오르면 도시의 지붕 위로 펼쳐진
런던의 풍경을 마주하게 된다. 여기서 세계적 도시의 활력은 한순간 잠잠한
고요로 뒤덮이고, 그 속에 얽힌 수많은 발전의 역사가 눈앞에 펼쳐진다.

센터는 웨이트로즈 등 식료품 마트와 생활 필수품 가게, 작은 카페와 식당에 둘러싸여 풍요로운 일상적 경험을 제공하는 공공공간이다. 핵심은 이러한 공간이 특별한 관광 명소가 아닌 지극히 일상적인 장소라는 것이다. 바로 이 평범하지만 잘 가꾸어진 이 공간들이 런던에 대한 나의 애착과 자부심을 더 강화하는 핵심 요소다.

그렇다면 더 많은 시민이 작은 공간에 애착을 가질 수 있으려면 어떻게 해야 할까? 도시는 우선, 다양한 특성을 가진 작은 공간을 더 많이 공급해야 한다. 이때 가장 중요한 것은 획일화되지 않은 공간의 다양성이다. 런던은 지역마다 특색을 지닌 공간들을 적절하게 배치함으로써 시민들이 자신의 취향에 맞는 장소를 찾도록 권한다. 예를 들어 카나비 스트리트의 아담한 패션 부티크와 카페는 도시의 트렌디한 면을, 캠든 마켓의 빈티지 상점들은 자유분방한 분위기를, 그리니치의 작은 서점과 공원은 역사적이고 조용한 일상을 제공한다. 이러한 특색 있는 공간들은 도시에 내재한 다채로운 개성과 조화를 반영하며 시민들의 일상에 특별함을 더한다.

이처럼 다양한 공간을 만들기 위해서는 거시적으로 더 다양한 도시 구성원 유입과 커뮤니티와 지역 경제의 활성화 등이 동반되어야 하지만, 도시설계 측면에선 2가지를 고려할 필요가 있다. 바로 유연성과 확고함이다. 우선 유연성은 공간 설계와 개발에 유연한 정책과 지원을 뜻한다. 도시계획 단계에서부터 지역별로 서로 다른 역사·문화·환경을 존중해 획일화된 설계를 피하는 유연성이 필요하다. 이를 위해 시민 참여형 계획을 도입해 지역 주민의 의견과 요구를 적극적으로 반영하고, 각 지역의 고유한 특성을 살리는 설계 접근법을 택해야 한다. 런던의 많은 지역 커뮤니티가 도시 디자인 과정에 적극적으로 참여한 덕에 개성 있는 소규모 공간이 자연스럽게 탄생하고 있다. 이러한 참여형 도시 디자인은 시민들에게 공간에 대한 주인의식을 심어주고, 그 결과 공간의 유지 관리 수준과 품질을 지속적으로 높이는 데도 기여한다.

한편, 확고함은 규제와 인센티브로 다양성을 촉진하는 정책적 결단력을 의미한다. 개발 규제를 통해 다양한 토지 이용을 허용하고, 상업 공간이 자연스럽게 혼합되도록 유도하는 한편, 지역 기반 사업자와 창업자에게 세금 감면이나 임대료 지원을 제공해 독립적인 상점과 공간이 유지되고 형성되도록 돕는다. 이러한 정책은 대형 프랜차이즈나 브랜드가 작은 골목과 지역을 특색 없이 장악하는 것을 방지하며, 그 거리만의 매력을 만들어 나가는 공간을 지원한다. 또한, 건축 지침이나 디자인 코드에 대한 확고한 규제도 필요하다. 주변 환경과 조화를 이루면서도 다양한 구조의 공간을 창출할 수 있도록 특정 건축물의 높이·외관·색채 등을 유연하게 규정하는 것이 중요하다. 예를 들어 런던 소호 지역에서는 역사적 건축물의 보존과 현대적 디자인의 조화를 고려한 지침을 마련해 개별 상점들의 독특한 인테리어와 외관 디자인을 장려한다. 이러한 전략은 도시의 시각적 다양성을 높일 뿐만 아니라 시민들이 자신의 취향에 맞는 장소를 선택하고 애착을 형성할 수 있는 기반을 제공한다.

미디어로 확립되는 도시의 자부심

자부심은 주관적 감정의 영역에만 국한되지 않는다. 오히려 타인의 시선에서 인정받을 때 더욱 강력해진다. 이 과정에서 미디어는 도시의 이미지를 형성하고 확산시키는 데에 핵심적인 역할을 한다. 한 도시의 이미지는 그곳에 사는 사람들에게는 자부심을, 외부인에게는 매혹과 흥미를 제공한다. 따라서 미디어는 도시의 개성과 정체성을 담아내어 개인뿐 아니라 전 세계의 사람들에게 그 도시를 인지시키고, 나아가 그 도시를 경험하고 싶게 만드는 가장 효과적인 매체다.

미디어는 도시에 대한 판타지를 창조하는 강력한 도구다. 런던을 떠올릴 때 단순히 영국의 수도, 북서유럽의 경제와 관광 허브, 특정 위도와 경도 같은 기능적이고 지리적인 정보만을 떠올리는 사람은 드물 것이다. 대신 우리는 미디어가 그려낸 런던의 다채로운 이미지를 상상한다. 책에서와 같이 성냥팔이 소녀가 추운 밤을 견뎌내고, 스크루지 아저씨가 인색한 마음을 바꾸는 도시로, 올리버 트위스트가 삶의 변화를 꿈꾸며 거닐던 거리를 떠올린다. 셜록 홈스가 베이커가에서 수수께끼를 풀어내던 장면은 지적이고 미스터리한 도시 이미지를 더한다. 또한, '패딩턴' 베어와 '메리 포핀스'처럼 동화적인 일상과 온기를 간직한 도시로 그려지기도 한다. 이뿐만이 아니다. '러브 액츄얼리'·'노팅 힐'·'이프 온리'·'어바웃 타임' 등 세계적으로 사랑받은 로맨틱 영화들은 런던을 사랑과 낭만이 깃든 현대적인 도시로 묘사한다. '해리포터' 시리즈와 '미이라', '박물관이 살아 있다'와 같은 판타지 영화는 런던을 모험이 가득한 도시로 비추기도 한다. 이러한 미디어의 묘사는 런던을 하나의 정서적 공간으로 재구성해 사람들의 인지에 강력한 영향을 미치며, 방문객에게 저마다의 판타지를 제공한다.

　미디어는 또한 도시 문화를 전파하는 강력한 수단이다. 영국 왕실과 귀족의 존재는 오랫동안 런던의 대표적인 이미지로 자리 잡았으며, 다양한 매체를 통해 전 세계에 퍼져나갔다. 드라마도 이에 큰 역할을 한다. 넷플릭스 드라마 '더 크라운'은 영국 왕실의 삶을 세밀하게 묘사하며, 버킹엄궁과 켄싱턴궁을 배경으로 한 장면들이 전 세계 시청자들에게 런던의 고유한 분위기와 왕실 문화를 전달한다. 이처럼 미디어는 런던을 단순한 관광지가 아닌 특별한 문화와 경험을 제공하는 도시로 인식하게 하며, 시민들에게는 그들이 속한 도시가 세계적으로 주목받는다는 자부심을 고취시킨다.

　유튜브와 틱톡 같은 소셜 미디어 플랫폼은 현대 도시 문화의 전파와 도시 이미지의 다각화에 큰 영향을 미치고 있다. 특히 브릭레인 지역의 힙스터 문화와 캠든 마켓의 자유분방한 분위기는 지드래곤을 비롯한 유명 가수들의 뮤직비디오와 수많은 유튜버의 콘텐츠를 통해 전파되어 젊은 세대에게 큰 인기를 끌고 있다. 또한, 하이드 파크의 윈터 원더랜드 풍경, 타워 브리지에서 바라본 일출, 버로우 마켓의 다양한 음식 문화 등을 담은 영상들은 런던의 일상적인 매력과 도시의 다채로운 라이프스타일을 전파한다. 이처럼 미디어 콘텐츠는 도시의 새로운 모습과 개성을 지속적으로 퍼트리며 세계인의 마음속에 런던의 다양한 색깔을 더욱 깊이 각인시키고 그들의 발길을 이끈다.

시민의 자부심이 그리는 도시의 미래

개인의 자부심은 도시의 지속가능한 발전을 위한 핵심 요소다. 자부심을 느끼는 시민들은 단순히 도시의 일상 공간을 사용하는 데에 그치지 않고, 그 공간을 개선하고 보존하려는 의지를 갖게 된다. 이들은 지역 행사나 공공프로젝트에 자발적으로 참여하고, 도시 정책에 관심을 보이며, 환경 보전과 문화유산 보호에도 앞장선다. 적극적인 태도는 공동체 의식 강화·지역 경제 활성화·공공시설의 품질 향상 등 다양한 측면에서 도시의 활력을 증진하며, 선순환을 이루어 다시금 시민들의 자부심을 높인다.

시민의 자부심은 도시의 브랜드 가치 향상에도 중요하다. 자부심을 가진 시민들은 도시를 주체적으로 홍보하며, 이는 도시의 외부 이미지를 개선한다. 이러한 긍정적 이미지는 관광산업은 물론 비즈니스와 투자 유치에도 이바지하며, 도시 경제를 활성화한다. 더 나아가 외부 인구의 유입과 정착을 유도해 도시의 지속적인 성장을 가능하게 한다. 따라서 시민들이 도시의 아름다움·역사·문화적 다양성을 인식하고 이를 자부심으로 삼을 때, 도시는 더욱 활기차고 풍요로운 미래를 향해 나아갈 수 있다.

4
이상한 도시

정해진 답 대신
나다움을 택한 오스틴

오스틴이 빛나는 이유는 '나답게 살 용기'에 있다.
이 도시는 나다움을 스스로 '이상함'이라 부르며,
고정관념을 뒤엎는 개성과 정체성을 정면에 내세운다.
오스틴은 획일화된 도시 모델에서 벗어나 자신만의
방식으로 다름을 표현해 왔고, 그렇게 만들어진
독특함은 도시 경쟁력을 높이는 중요한 자산이 되었다.

이상한 도시의 매력

정체성은 그 도시의 경쟁력을 결정짓는 중요한 요소다. 한 번 방문한 곳을 다시 찾고 싶게 만드는 힘은 바로 그 도시만의 독특한 매력이 담긴 정체성에서 비롯된다. 유명한 도시들을 떠올려보면 쉽게 이해할 수 있다. 뉴욕은 복잡하지만 무한한 에너지와 문화·예술의 중심지로 사람들을 매료시키며, 파리는 낭만과 패션이라는 두 단어로 전 세계 사람들을 끌어당긴다. 이처럼 자신만의 독특한 이미지와 매력을 잘 가꿔온 도시는 세계적인 도시로 성장하고 발전해 왔다.

미국 텍사스의 주도인 오스틴은 한국에는 비교적 생소하지만, 독특한 정체성으로 강력한 브랜드를 구축해 온 도시다. 이 도시의 정체성은 다소 예상치 못한 곳에서 비롯되는데 오스틴은 '이상함Weirdness'이라는 독특한 매력으로 승부한다. '이상한 도시'라는 표현은 일반적으로 혼란스럽거나 일탈적인 느낌을 준다. '이상한 변호사 우영우'·'이상한 나라의 앨리스'·'좋은 놈, 나쁜 놈, 이상한 놈'처럼 이상하다는 표현은 부정적인 의미로 쓰이지는 않지만 엉뚱하고 어딘가 이해하기 어렵다는 뜻으로 사용된다. 그럼에도 오스틴은 이상함이 긍정적으로 작용하는 흥미로운 도시다. 오스틴이 보여주는 '이상한 도시'의 핵심 가치는 '도시 정체성 유지와 획일화에 저항'이다. 이 도시는 깔끔하고 단정한 이미지보다는 거칠지만 인간적인 느낌을 주는 장소로 가득하다. 이러한 장소는 사람들에게 도시의 진짜 맥락과 감각을 느끼게 한다. 의도적으로 균형을 무시하고, 다양성과 창의성을 외형적으로 드러내면서 독특한 경험을 제공한다.

이상함의 대척점에 있는 '이상적인 도시'를 먼저 생각해 보면 사람들은 대개 모범적이고, 균형 잡히고, 질서정연한 곳을 떠올리기 마련이다. 이상적인 도시는 대칭적이고 일관된 건축 양식을 갖추고 있으며 고층 빌딩이 질서 있게 배치돼 있다. 외관은 정기적으로 관리되며 모든 것이 세련되고 현대적인 이미지를 풍긴다. 두바이나 싱가포르처럼 초현대적인 스카이라인과 깨끗하게 정돈된 거리 풍경이 그 예다. 이러한 도시는 예측 가능하고 안정적이기 때문에 전형적인 모범 도시다.

그러나 오스틴은 사람들이 이상하게 여기는 부분들을 감추거나 바꾸려 하지 않고, 오히려 있는 그대로 받아들이고 공존하는 방식을 택했다. 다시 말해 다른 도시들이 흔히 추구하는 정답에 가까운 모습을 갖추는 대신, 자신을 있는 그대로 드러내는 '이상함 그 자체로도 괜찮다'라는 독특한 철학을 고수한다. 세계의 많은 도시가 성공적인 모델을 따라가려다 결국 제2의 파리나 뉴욕이 되어버리는 경우가 많다. 물론 이런 접근은 안정적일 수 있지만, 그 도시만의 독창적이고 진정한 정체성을 잃기 쉽다. 오스틴은 다른 도시들을 따라가는 대신 자신만의 길을 걸어가며 '이상해도 나다운' 도시를 만들었다.

이상함이라는 정체성

도시 정체성은 건축물이나 물리적 구조는 물론 기억·문화·사회적 관계라는 비물질적 요소에서도 비롯된다. 에드워드 렐프 Edward Relph의 저서 『장소와 장소 상실』에서 다루는 '장소 상실 이론'에 따르면 이러한 요소는 도시를 단순한 거주지가 아닌 사람들에게 정서적이고 문화적인 의미를 제공하는 특별한 장소로 만든다. 하지만 이러한 장소성이 약화되면 도시는 흔하고 매력 없는 공간으로 전락한다.[12] 렘 콜하스 Rem Koolhaas가 저술한 『The Generic City』에 따르면 획일화된 공간은 사람들에게 어디에나 있을 법한 평범한 곳이라는 느낌을 준다.[13] 그는 이런 도시를 '제네릭 시티'라고 정의한다. 기능성과 효율성에 초점을 맞춰 설계한 도시는 고유한 맥락보다는 유사한 건축 양식·거리 구조·상업 공간으로 구성돼 있다. 이는 장소의 독창성을 상실한 결과이며, 정체성 없는 도시가 사람들에게 특별한 경험을 제공하지 못하는 이유이기도 하다.

반면, 앞서 말한 것처럼 오스틴은 이상함을 도시 정체성의 핵심 원칙으로 삼는다. 획일화된 장소 형성을 거부하고, 사람들과 감정적으로 연결되는 방식을 구체화한다. 대표적 사례는 사우스 콩그레스 애비뉴 South Congress Avenue로 대형 프랜차이즈보다 소규모 독립 상점들이 거리 풍경의 주를 이루며 오스틴만의 정체성을 체감할 수 있는 독특한 문화적 경험을 제공한다. 수제 주얼리 상점·빈티지 의류 가게·독립 서점에선 대량 생산된 기성품이 아닌 독창적이고 창의적인 상품을 취급한다. 방문자들은 텍사스 스타일의 전통적인 카우보이 부츠 전문 상점에서 지역 고유의 문화를 착용해 본다. 빈티지 골동품 가게에서

4 이상한 도시

사우스 콩그레스 애비뉴
대부분의 상가들이 2층 이하로 설계되어 보행자의 눈높이에 들어온다.

는 보물찾기하듯 이야기가 담긴 물건을 찾아내고, 작은 독립 서점에서는 지역 유명 작가와의 만남 이벤트를 통해 영감을 얻는다. 이러한 상점들은 방문객에게 '특별한 경험을 하고 있다'라는 감정을 심어주며, 단순한 상업 공간을 넘어 도시 정체성을 공유하는 플랫폼으로 기능한다. 방문객은 단지 손님이 아니라 이 도시의 독특한 가치를 공유하는 구성원이 되었다고 느낀다.

    이는 현대 사회에서 점점 더 희소해지는 정체성과 독립성에 대한 욕구를 충족시키며, 도시와의 감정적 연결을 강화한다. 특별한 경험은 단순한 구매 행위를 넘어 소비자들에게 지역 문화를 기억하게 하고 도시와 정서적 유대감을 형성하게 한다. 사우스 콩크레스 애비뉴는 대표적인 상업 거리임에도 대형 상점 혹은 국제적인 도시 이미지를 보여주는 고층 건물이나 랜드마크 대신, 이 도시의 역사와 지역성을 유지하며 본래의 맥락을 지키고 있음으로써 제네릭 시티가 추구하는 획일화와 거리를 두고 있다.

또한, 저층 건물 위주의 수평적 도시설계는 도시 정체성의 중요한 물리적 기반으로 작용하며, 방문객이 가까이에서 도시와 상점의 개성을 탐험할 수 있는 환경을 조성한다. 오스틴 도심은 다양한 용도로 토지가 구획돼 있고, 고층 건물로도 이루어져 있지만, 그 외 대부분의 상업 및 주거지는 인간에게 친숙한 휴먼 스케일 설계를 따르고 있다. 대부분의 상업 건물이 1~2층 구조로 설계되어 간판과 상점 외관이 자연스럽게 보행자의 눈높이에 들어온다. 반면, 한국 도심의 상업 지구는 고층 건물과 다층 구조가 절대다수를 이루며, 2층 이상 높이에 설치된 간판들이 시선을 분산시킨다. 서로 경쟁하듯 복잡하게 배열되어 있어 보행자는 눈을 어디에 둬야 할지 몰라 혼란스럽고, 과도한 정보로 시각적 피로감이 가중된다. 그에 비하면 오스틴의 상업 지구는 깔끔하고 명료한 시각적 환경을 제공한다.

오스틴은 개별 상점은 자신만의 독창적인 디자인과 정체성을 자유롭게 표현할 수 있는 환경을 제공하면서도 도시의 이상함을 자연스럽게 드러낸다. 사우스 콩그레스 애비뉴의 간판은 각자의 개성과 철학을 자유롭게 표현하는 데 초점을 맞춘다. 상점마다 간판 크기와 모양·색상·서체가 모두 상이하다. 현란한 조명, 펑키한 그래픽 디자인, 그리고 독특한 형태의 간판이 시선을 사로잡는다. 개성 있는 캐릭터로 꾸민 창문, 스티커에 덮인 창문과 외벽, 무지개 색상의 외관 등은 저마다의 정체성을 시각적으로 드러내며, 도시의 활기차고 자유로운 분위기를 보여준다. 이는 일반적인 상업 공간들이 추구하는 정돈된 디자인이나 균일한 테마가 보여주는 세련되고 정형화된 이미지와는 대조적이다. 상업 공간에서는 대체로 브랜드 일관성과 소비자 인지도를 우선시하며, 깔끔하고 통일된 외관으로 안정감과 신뢰를 전달하려는 경향이 있다. 그러나 사우스 콩그레스 애비뉴의 간판과 디자인은 이러한 틀에서 벗어나 방문객들에게 예측 불가능한 즐거움과 신선한 시각적 경험을 준다.

오스틴의 간판은 상점 정보를 알리는 데 그치지 않고, 도시의 정체성을 담아내는 중요한 시각적 요소다. 로버트 벤투리Robert Venturi가 『라스베이거스의 교훈』에서 제시한 '시각적 서사' 개념에 따르면 간판은 단순한 실용적 도구가 아니라 도시공간에 의미를 부여하고 이야기를 형성하는 상징적 역할을 할 수 있다.[14] 이처럼 오스틴의 각 상점은 자신만의 독특한 디자인과 정체성을 표현하면서, 상업적 목적을 넘어 도시와 사람들을 정서적으로 연결하는 경험을 창출한다. 간판들은 '여기서 무엇을 판다'는 정보를 전달할 뿐만 아니라 '여기서만 찾을 수 있는 고유한 매력'이라는 메시지를 전달하며, 방문객에게 도시 탐험의 즐거움을 선사한다. 간판 하나에도 지역만의 스토리가 담겨 있으니 길거리에서도 지역과의 유대감이 느껴지고, 도시와 더 깊이 연결되는 감정이 든다.

오스틴의 미학은 다른 도시들과 몇 가지 중요한 차별점이 있다. 유럽의 많은 도시가 외관을 균일하게 유지하고 조화를 위한 색상과 디자인을 엄격히 규제한다. 정돈된 미학의 추구다. 파리에서는 상점 간판에 화려한 색상이나 과도한 네온 조명 사용을 금지하고, 건축물

앨런스 부츠 상점
독특한 간판이 지나가는 사람들의 흥미를 불러일으킨다.

과 간판이 조화를 이루도록 상점 이름조차 일정한 폰트와 크기로 쓰도록 제한한다. 이로 인해 거리는 깔끔하고 고풍스러운 분위기를 자아내지만, 상대적으로 개별 상점은 개성을 드러내기 힘들다. 반면, 오스틴에서는 간판마저 정형화된 미학에서 벗어나 있다. 간판 그 자체가 독립적인 예술작품처럼 느껴지도록 디자인된다. 미국 내 다른 도시들과 비교해도 그런 사례는 드물다.

　미국 내 대부분의 상업 지역은 낮은 밀도와 수평적 도시설계를 특징으로 하지만, 오스틴은 이를 도시의 독특한 정체성으로 승화시킨다는 점에서 특별하다. 예를 들어 라스베이거스의 간판은 상업적 기능을 극대화하기 위해 크기와 화려함에 집중하며, 자동차 중심의 도시임을 역설한다. 그러나 오스틴의 간판은 대규모 상업화를 거부하

4 이상한 도시

엘 밀라그로El Milagro 식당
개성 넘치는 외관이 도시의 자유로운 분위기를 보여준다.

고, 지역성과 개성을 반영한 소규모 상점의 개성을 강조한다. 간판 하나하나가 지역 예술과 창의적 표현을 담고 있으며, 독특한 문화와 정체성을 경험할 기회를 제공한다. 이는 공간을 단순히 관광지가 아니라 살아 숨 쉬는 문화 공간으로 만드는 요소다.

이와 더불어 오스틴 곳곳에서 보이는 벽화와 그라피티는 도시 정체성을 전달하는 주요 수단으로 자리 잡고 있다. 일반적으로 도시계획에서는 그라피티를 도시 오염으로 간주하여 기피하는 경우가 많다. 다른 도시에서는 벽화와 그라피티가 단순히 시각적 장식이나 개별적 예술 프로젝트로 여겨지는 반면, 오스틴에서는 이들이 도시 문화와 정체성의 핵심 요소로 기능한다. 지역 상점 외벽과 공공장소에 그려진 예술작품들은 자유롭고 창의적인 분위기를 강화하며 독특한 분위

오스틴대학교 인근 식당에 그려진 벽화
도시가 지향하는 개인의 정체성과 독립성에 대한 존중을 보여준다.

기 형성에 이바지한다.

　오스틴 거리 곳곳에는 지역 예술가들이 제작한 벽화와 예술작품이 배치되어 있다. 이는 격자형 도로망의 선형적이고 반복적인 구조에 시각적 변화를 제공하며 오스틴을 흥미롭고 예측 불가능한 공간으로 탈바꿈시킨다. 사람들은 단순히 도시 그라피티를 구경하는 데에서 그치지 않고, 감상하거나 사진을 찍으며 그 순간을 기억으로 남긴다. 이는 도시와 사람 간의 감각적이고 정서적인 교류를 가능하게 한다. 오스틴시의 문양이 새겨진 깃발 안에 명소들을 그려놓은 사례나, 'I love you so much'라는 문구로 유명한 그라피티는 포토존인 동시에 오스틴 문화를 공유하는 장소가 된다.

길거리 풍경

'I love you so much'라고 쓰인 벽화 앞에서 사람들은 사진을 찍는다.

길거리에서 보이는 장면들

오스틴의 활기와 문화적 다양성을 시각적으로 표현하고 있다.

오스틴시는 그라피티를 위한 공원까지 조성하며 이를 도시 문화의 중요한 축으로 자리 잡게 했다. 그 예가 바로 HOPE 그라피티 공원 Hope Outdoor Gallery이다. 오스틴의 비영리단체인 HOPE Helping Other People Everywhere는 2011년에 예술과 사회적 문제의 연결을 위해 이 공원을 조성했다. 공원 내 콘크리트 벽에는 일시적으로 유지되는 걸작들이 그려졌고, 이는 곧 오스틴의 자유로움을 나타내는 상징이 되었다. 이곳은 지역 예술가들이 창의성을 발휘하고 자유롭게 표현할 수 있는 공간으로, 단순한 예술 전시를 넘어 도시의 자유로운 정신을 상징한다. 공원이 현재 리모델링 중임에도 이곳은 오스틴의 예술적 유산과 창의적 실험 정신을 이어가는 중요한 거점으로 남아 있다. 이러한 요소는 도시를 물리적 공간이 아니라 문화와 사람들이 교감하는 살아 있는 장소로 만든다. 사람들은 이곳에서 문화와 역사를 체험하고, 도시와 깊이 교감한다.

HOPE 그라피티 공원

오스틴의 자유로운 정신과 예술적 유산을 상징하는 창의적 교감의 공간이다.

비주류 문화의 융합으로 태어난 이상함

오스틴의 독특함은 물리적 구조뿐만 아니라 문화적 다양성과 비주류 문화의 융합으로 빚어졌다. 오스틴의 건축물·거리 예술·간판 디자인은 히피 스타일·멕시칸 전통·현대적 감각이 혼합된 독특한 시각적 풍경을 만들어낸다. 이런 모습은 오스틴이라는 도시가 지닌 정체성이 무엇인지 보여주는 중요한 역할을 한다. 데이비드 하비David Harvey의 『포스트모더니티의 조건』에 따르면 도시 전체에 여러 문화가 섞이면 건물이나 거리 같은 물리적인 도시 외형을 나타내는 구조물이 도시의 정체성을 드러낸다.[15]

다양한 문화의 융합으로 만들어진 독특한 시각적 풍경은 오스틴의 다문화적 정체성을 더욱 강하게 표출한다. 오스틴은 텍사스의 자유분방하고 독립적인 정체성의 기반 위에 다양한 인종과 문화를 포용하며, 다른 곳에서는 쉽게 찾아볼 수 없는 독특한 도시 분위기를 만들어냈다. 오스틴은 텍사스주에서도 인종과 문화적 다양성이 두드러지는 도시 중 하나다. 2020년 미국 인구조사국U.S. Census Bureau이 발표한 다양성 지수에 따르면 텍사스는 미국에서 가장 높은 주 중 하나이며, 특히 오스틴은 멕시칸·아시아계·히스패닉 등 다채로운 배경을 가진 사람들이 함께 살아가고 있다.[16] 특히 멕시칸 커뮤니티와 히스패닉 문화는 오스틴의 음식·예술·언어·공공장소에 뚜렷이 드러나며 도시의 문화적 정체성 형성에 깊게 관계되어 있다.

먼저 오스틴의 멕시칸 커뮤니티는 텍사스와 멕시코의 역사적·지리적 연계에서 비롯한 필연적 산물이다. 텍사스는 과거 멕시코의 일부였으며 멕시코로부터 독립하고 미국 땅이 된 이후에도 문화적·인적

구에로스 타코 바 Guero's Taco Bar

이 식당의 기타 조형물은 스페인어 간판과 함께 어우러져 멕시칸 풍경을 이룬다.
이곳에서는 라이브 음악 공연도 종종 펼쳐져, 문화적 장소로도 기능한다.

교류를 계속해 왔다. 이와 같은 맥락에서 멕시칸 커뮤니티는 오스틴의 경제와 문화에 중대한 영향을 끼쳤다. 오스틴은 다양한 문화의 공존을 넘어 이를 도시 정체성의 일부로 적극적으로 활용한다. 멕시칸 음식이나 음악이 지역 문화의 일부로 남는 데 그치지 않고 도시의 브랜드로 작용한다. 멕시칸 음악과 히피 문화가 융합된 독특한 공연장이나 카페는 오스틴의 창의적이고 개방적인 분위기를 한층 강화하며, 다양한 문화를 경험할 수 있는 공간을 제공한다. 오스틴 사람의 아침 메뉴로 흔히 등장하는 타코는 멕시칸 요리지만, 오늘날 오스틴의 정체성을 대표하는 음식 중 하나로 자리 잡았다. 이와 더불어 공공시설 어디에서나 보이는 영어·스페인어 이중 언어 서비스는 도시의 다문화적 특징을 반영하는 상징 중 하나다.

일반적으로 도시들은 다문화를 받아들여도 이를 별개 요소로 간주한다. 이를테면 샌프란시스코의 차이나타운이나 뉴욕의 코리아타운은 각각 중국계와 한국계 문화를 집중적으로 보여주지만, 이 지역들이 도시 전체의 정체성 형성에 스며들기보다는 특정 구역에 한정되어 독립적으로 존재하는 경우가 많다. 반면, 오스틴에서는 다양한 문화 요소가 도시 전체에 스며들어 하나의 정체성을 형성하고, 이로 인해 도시 전반에서 느껴지는 정서적 일관성이 생긴다. 이런 시각 요소들은 오스틴을 처음 찾은 사람들에게 강렬한 인상을 남기며, 개발로 인한 획일화를 억제하고 개성을 지키는 데에도 중요한 역할을 한다. 여기서 나는 이상적인 도시란 개성적인 요소들이 서로 어우러져 독창적이고 매력적인 환경을 만드는 곳이라고 말하고 싶다.

밀턴 고든Milton Gordon이 『Assimilation in American Life』에서 제시

한 '문화적 융합 모델'은 서로 다른 문화가 만날 때, 단순 동화나 흡수가 아니라 각 문화의 특징을 유지하면서도 새로운 혼합 문화를 형성하는 과정을 설명한다.[17] 반면, 레이 올든버그Ray Oldenburg의 『제3의 장소』에 따르면 가정(제1의 공간)이나 직장(제2의 공간) 외에도 사람들이 자유롭게 만나고 소통할 수 있는 중립적인 공공공간이 중요하다.[18] 두 주장의 공통점은 서로 다른 배경을 지닌 사람들이 함께 어울릴 수 있는 공간이 개인과 공동체의 정체성을 형성하고 강화하는 데 중요한 역할을 한다는 점이다. 그러나 고든이 주로 문화 간 융합 과정에 초점을 맞추는 반면, 올든버그는 사람들이 일상에서 편안하게 교류할 수 있는 물리적 공간의 사회적 기능을 강조한다.

두 이론의 틀로 오스틴을 바라보면 멕시칸 커뮤니티와 히피 커뮤니티가 상호작용을 하며 만들어낸 공간은 사람들이 서로의 문화를 경험하고 소통할 수 있는 문화적 허브로 기능한다. 히피들이 주최하는 음악 페스티벌 주변에는 멕시칸 레스토랑이나 타코 트럭이 자리 잡으며, 음식과 음악을 매개로 새로운 형태의 공공공간이 등장한다. 이처럼 융합적 장소는 사람들이 문화를 공유하고 새로운 문화적 관계를 형성하는 장으로 기능한다. 이는 고든이 주장한 문화적 혼합의 결과이자 올든버그가 제시한 공공공간의 사회적 역할을 구현하는 사례다.

멕시칸 문화와 마찬가지로 히피 문화의 유입 역시 오스틴의 정체성을 강화했다. 1960~1970년대쯤 형성되기 시작된 히피 커뮤니티는 도시에 기존 질서를 거부하고 자연 친화적인 라이프스타일을 추구하는 문화를 만들어냈다. 이들은 반문화 운동Counterculture Movement에 기반하여 주류 사회에 대한 저항과 실험적 라이프스타일을 추구했다. 오스틴의 저렴한 생활비와 대학 중심의 자유로운 분위기는 히피들에게 이상적인 환경을 제공했고, 도시 문화에 자연스럽게 융합되었다. 이들은 자신이 사는 도시를 창의적이고 실험적인 공간으로 만들었으며, 독특한 예술적 표현과 자연스러운 삶의 방식을 오스틴에 더하는 데 기여했다. 한 마디로 오스틴은 다양성을 바탕으로 창의성을 극대화하며 새로운 산업과 문화를 창출해 온 것이다.

오스틴의 히피 문화는 또 다른 특이한 문화들을 끌어당겼다. 한 예가 바로 오스틴 필름 소사이어티The Austin Film Society, AFS다. 이들은 주류 영화보다는 독립적이고 실험적인 작품을 지원하며, 대안적 목소리를 공유할 수 있는 플랫폼을 제공했다. AFS는 독립 영화와 실험적인 작품 등 대중성과는 거리가 먼 다양한 장르의 영화를 상영했다. 주류 문화에서 벗어난 대안적인 목소리와 이야기를 공유할 수 있는 플랫폼이 되어 시민들에게 폭넓은 문화적 경험을 선사했다. 그 결과 오스틴은 예술과 영화 분야에서 독특한 지위를 차지하게 되었고, 지역만의 고유한 문화적 풍경이 형성되었다. 이렇듯 오스틴은 다양한 인종과 문화를 융합하여 독창적인 정체성을 구축했다. 멕시칸 커뮤니티와 히피 문화의 유산은 도시의 물리적 공간·사회적 상호작용·문화적 창의성을 통해 오스틴만의 이상함을 빚어냈다.

젠트리피케이션 위기와 도시 정체성의 지속

도시 정체성은 외부 압력으로 인해 때때로 변화의 위기에 직면한다. 하지만 오스틴은 그러한 위기 속에서도 정체성을 지켜내는 방법이 무엇인지 보여준다. 젠트리피케이션 현상과 도심의 상업화는 오스틴의 이상함, 곧 '나다움'이라는 정체성을 위협하는 주요 요인이었다. 젠트리피케이션은 루스 글래스Ruth Glass가 『London: Aspects of Change』에서 '지역이 좋아진다'라는 의미로 사용하기 시작한 단어로[19] 표면적으로 도시 재생과 경제적 발전이라는 긍정적인 이미지를 지닌다. 그러나 기존 주민과 소규모 비즈니스를 밀어내는, 이른바 장소성 상실이라는 부정적 결과를 동반하며, 결국 도시 정체성에 변화를 야기한다.

　젠트리피케이션의 '문화 백화 현상' 역시 과거 오스틴 곳곳에서 쉽게 발견되었다. 내가 오스틴에 거주하던 시기인 2010년에는 젠트리피케이션 이슈가 최고조에 이르렀다. 한 번은 도시 수업 과제로 젠트리피케이션을 공부하기 위해 동부 지역을 방문했는데, 처음 접했던 그 모습은 정말 괴상했다. 다 쓰러져가는 낡은 집이 즐비한 동네에 거대한 마트가 들어서고, 울타리 하나 없이 방치된 초라한 주택 옆에 거대한 벽에 둘러싸인 새하얗고 세련된 3층 주택이 세워졌다. 거대하게 올라가는 건물들 틈바구니에 낀 작은 주택 한 채가 보였다. 오래전부터 서 있던 작은 주택이 오히려 이곳에 어울리지 않아 어색해 보일 정도였다. 독립 상점들이 프랜차이즈 브랜드로 대체되고, 기존의 문화와 장소성이 점차 사라졌다. 렐프가 경고한 '장소 상실'의 전형적인 사례였다.

　오스틴의 이상함은 되려 젠트리피케이션과 같은 외부적 변화 요

4 이상한 도시

동부 지역의 젠트리피케이션 현장
나란히 선 오래된 목조 주택과 새로 지어진 현대식 주택은
동네의 정체성이 한순간에 대체되는 젠트리피케이션 현상을 상징적으로 보여준다.

인으로 인한 위기 상황에서 빛이 났다. 지역 주민들과 소규모 사업자들, 그리고 장소성을 유지하려는 이들이 자발적으로 힘을 합쳤다. 오스틴시는 지역 커뮤니티와 함께 젠트리피케이션으로 인한 경제적 압박과 도시 정체성 위협 상황에 대응하고자 법적·제도적 규제를 마련했다. 뉴욕·로스앤젤레스·샌프란시스코 등 미국 주요 대도시가 임대료 통제법·재산세 완화·부동산 투기 방지 조례 등으로 대응해 온 것처럼, 시 당국 역시 정책적 접근으로 젠트리피케이션의 부정적 영향을 최소화하려 했다. 지역 상점과 주민을 보호하기 위해 다양한 경제적 지원 프로그램들, 이를테면 보조금·저리 대출·세금 인센티브를 도입해 급격한 임대료 상승에도 소규모 사업자가 생존할 수 있도록 도왔다. 또한, 커뮤니티 토지 신탁Community Land Trust과 같은 제도로 부동산 투기를 억제하며 기존 주민과 상점들이 도시에 머무를 수 있는 지원책을 만들어냈다.

오스틴은 정책적 접근 외에도 지역 커뮤니티 중심의 자발적 운동을 통해 도시 정체성을 지키려 했다. 다른 도시에서 흔히 보이는 커뮤니티 장려 활동과는 달리 오스틴의 사례가 특이하다고 평가받는 이유는 이러한 활동이 도시에 활력을 가져오는 일반적인 도시 재생의 틀을 넘어 도시의 독특한 정체성과 철학인 '이상함'을 중심으로 실현되었다는 점에 있다. 경제적 회복이나 외형적 개선을 목표로 삼는 일반적인 도시 재생과 차별화한 접근법으로, 외부 자본이나 규제 중심 방식이 아닌 지역 커뮤니티의 자발적 참여와 주민들의 감정적 연결을 바탕으로 한다는 특징이 있다.

일례로 '오스틴의 이상함을 유지하자 Keep Austin Weird'라는 문구를 중심으로 지역 상권을 지키기 위해 주민들이 자발적으로 확산시킨 캠페인이 있다. 이 캠페인은 오스틴 커뮤니티 대학의 사서였던 레드 와세니치 Red Wassenich가 2000년에 라디오 방송국에 남긴 사연에서 유래했는데, 방송 이후 뜨거운 반응을 불러일으켰다. 처음에는 지역 소비를 장려하는 메시지로 사용되었으나, 점차 주민들에게 도시와 자신을 연결하는 정체성의 상징으로 자리 잡았다. 이 문구는 도시와 주민 간 유대감을 강조하며, 장소에 대한 소속감과 자부심을 강화했다. '이상하다'라는 단어는 주민들에게 그들만의 독창적인 문화를 지키고, 지역 커뮤니티를 지지하며, 도시를 외부의 균질화된 변화로부터 보호해야 한다는 사명감을 심어주었다.

이에 따라 주민들은 이상함이라는 정체성을 드러내기 위해 이 구호가 담긴 티셔츠·스티커·포스터 등을 제작해 여기저기에서 활용했다. 독립 상점과 로컬 상점들을 적극적으로 이용하며 대형 프랜차이즈의 확산을 경계했다. 지역 이벤트·예술 축제·거리 공연·전시회 등 커뮤니티 주도의 문화 행사를 열고, 자발적 참여가 빗발쳐 경제에도 도움을 주었다. 이처럼 이상함은 오스틴의 정체성 공유와 유지에 중요한 역할을 했고, 젠트리피케이션과 같은 외부 압력 속에서도 도시의 독창성을 유지할 수 있는 강력한 수단으로 기능했다. 주민들에게 도시는 단순히 거주지가 아닌 자신을 표현할 수 있는 특별한 장소라는 인식을 심어주었다. 이러한 활동은 방문객에게 오스틴의 특별한 문화와 상품, 즉 이상함을 체험할 기회를 제공하며 도시 정체성을 견고히 했다.

앞서 렐프가 말한 장소성이란 건물 형태뿐만 아니라 그 공간에 쌓인 경험과 기억, 그리고 공동체 간의 정서적 관계까지 아우르는 개념이다. 그렇기 때문에 장소의 물리적 형태를 지키는 일은 단순히 외관을 보존하는 차원을 넘어서, 사람들이 공간을 통해 감정적으로 연결되고 문화를 공유할 수 있도록 하는 중요한 행위가 된다. 오스틴은 기존 건축물의 역사적 정체성을 유지하면서도 현대적 활용을 가능하게 만드는 소규모 개조와 보존 작업을 통해 이상함이라는 도시 정체성을 유지해 왔다. 도시 재개발은 대개 대규모 철거와 신축이란 단어로 표현할 수 있는데, 오스틴에서는 재개발 때도 기존 건축물을 보존하면서 커뮤니티와의 감정적 연결을 유지하려 노력해 왔다.

대표적으로 방갈로Bungalows 주택의 보존은 '이상한 도시를 만들자'라는 철학을 계승해 도시의 역사적 특성을 유지하려는 시도로 볼 수 있다. 레이니 스트리트Rainey Street는 도시의 남동쪽 주거지에서 흔히 보이는 방갈로 건축 스타일의 소규모 단독주택들이 모여 있는 곳이다. 이 지역은 젠트리피케이션의 영향으로 주택들의 획일화된 도시 개발이 실행될 위기에 처한 적이 있었다. 하지만 이 과정이 관 주도의 일방적 프로젝트로 진행되지 않았고, 지역민의 목소리를 반영하여 기존 방갈로 주택을 철거하는 대신 현대적 시설로 개조하면서도 전통적인 거리 외관을 유지하는 방식을 택했다. 기존의 격자형 거리 구조와 블록 단위를 지켜가면서 세부적인 공간 활용을 통해 장소를 현대화하는 최소한의 개입을 실현한 것이다. 이는 과거 건축 양식을 보존하면서도 새로운 기능을 부여했다. 바·레스토랑·음악 공연장 등으로 변신하여 지역민과 외지 방문객 모두가 사용할 수 있는 공간이 되었다. 한마디로 최소한의 개입으로 지역의 역사적 가치가 상업적 성공과 조화를 이룬 것이다.

이외에도 다른 유의미한 지역민들의 자발적 노력들이 이어지고 있다. 흑인 커뮤니티가 많은 동오스틴East Austin의 블랙랜드Blackland 지역은 젠트리피케이션 물결에도 불구하고, 저소득 계층의 주거권을 지키고, 기존 주민들이 계속 살 수 있도록 지역 커뮤니티를 조성하는 등 다양한 노력을 기울이고 있다. 지역 예술가들도 임대료 상승에도 불구하고 예술제·커뮤니티 이벤트를 꾸준히 열며, 작업 공간도 개방해 방문객들에게 지역 예술을 체험할 기회를 제공한다. 소규모 상점과 예술가들에게 경제적 기회를 열어주고, 지역 경제와 정체성을 지키는 시도다.

오스틴의 젠트리피케이션 대응은 경제적 압력과 문화적 변화 속에서 부분적인 성공을 거두었지만, 미해결 과제가 남아 있다. 임대료

오스틴의 일반적인 방갈로 주택

단층 또는 1.5층 규모, 낮은 경사의 지붕, 넓은 앞마당을 특징으로 한다.
실용적인 구조가 돋보인다.

방갈로 스타일의 상업시설

주택의 외관을 그대로 유지하면서 상업시설로 개조했다.

상승은 지역 상점들이 오랜 기간 직면한 문제이며, 일부 커뮤니티는 축소되거나 사라지기도 했다. 그럼에도 오스틴의 사례는 젠트리피케이션 과정에서도 도시 정체성의 유지 가능성을 보여준다. 장소 상실의 위협에 커뮤니티들이 주도적으로 대규모 재개발 대신 소규모 개조와 보존 운동을 벌이며, 도시 전체에 그 속도를 완화하는 방법을 제시한다. 이는 세계화와 상업화의 흐름 속에서도 도시가 어떻게 정체성을 지켜내는지 보여주는 의미 깊은 사례다.

오스틴의 이상함이라는 도시 정체성은 젠트리피케이션 과정에서 시민들이 함께 고민하고 협력하는 윤활유 역할을 했다. 이 독특한 철학은 단순한 도시의 개성을 넘어 젠트리피케이션 과정에서 시민을 하나로 묶는 공통 가치로 작용했고, 지역 커뮤니티의 협력과 자발적 참여를 끌어낸다. 이 과정에서 문화적 유산은 단절되지 않고, 새로운 시각과 가능성을 꽃피우는 씨앗이 되어, 장기적으로 도시의 독창성을 강화하고 지속가능성을 확보하는 요소로 자리매김한다.

도시의 정체성 형성을 견고히 하는 힘: 이상함의 가치

도시의 성공과 성장은 전통적으로 엘리트적이고 정제된 요소에 의존해 왔다. 잘 정돈된 거리, 조화로운 외관, 계획의 충실한 이행은 흔히 이상적인 도시의 상징으로 여겨진다. 하지만 오스틴은 이상함을 정체성의 중심에 두며 전형성을 넘어선 독창성과 자유로움으로 도시의 지속가능성과 매력을 극대화했다.

    이 도시는 작은 상점을 사랑하고, 지역을 지키려 노력한다. 물질주의에서 탈피한 보헤미안주의를 지지하며, 지난 몇십 년간 소수 인종·저임금 노동자·노숙인도 살기 좋은 환경을 제공해 왔다. 히피 문화를 부정적으로 보지 않고 이를 오히려 지역성으로 승화시켜 다양성을 포용하면서도 개성을 중시하는 도시로 발전해 왔다. 또한, 그라피티와 파티 문화, 다양한 예술적 활동은 오스틴을 활기차고 생동감 넘치는 도시로 만들었으며, 이러한 문화적 요소가 결합해 결국 하나의 거대한 예술작품처럼 느껴지는 도시가 탄생한 것이다.

    오스틴의 사례는 도시가 획일적 발전이 아닌 자신만의 정체성을 유지하고 확장함으로써 경쟁력을 강화할 수 있음을 보여준다. 오스틴의 이상함은 그저 일탈이 아니라 창의성과 자유로움에서 싹튼 정체성의 구현으로, 도시를 매력적으로 만드는 핵심 동력이다. 이러한 정체성은 도시의 외형 변화에 그치지 않고, 자유와 열린 마음을 추구하는 도시를 형성한다. 이로써 도시가 삶과 문화를 아우르며 사람들에게 특별한 의미를 부여하는 생동감 있는 장소로 기능할 수 있음을 증명하고 있다.

5
하나의 커뮤니티

공동의 기억이 쌓인 도시

오스틴이 빛나는 이유는 사람들이 관계를 맺고 공동체를
만들어 가는 방식에 있다. 주민들은 스스로 도시의 일원으로
참여하고, 어울리며 살아가는 문화를 일궈간다. 그렇게
형성된 공동체는 도시를 단순한 거주지가 아닌 소속감을
느낄 수 있는 삶의 터전으로 변화시킨다. 함께 쌓아온 기억과
도시를 지키고 가꾸는 경험은 이곳을 '우리의 공간'으로
인식하게 하고, 사람 중심 도시를 이루는 기반이 된다.

도시 전체가 만드는 커뮤니티

사람들은 특정 장소를 생각할 때 그곳에서의 따뜻했던 기억과 감정을 함께 떠올리곤 한다. 어린 시절 친구들과 뛰놀던 동네 놀이터, 가족과 함께 갔던 지역 축제, 활기 넘치던 전통시장. 이런 장소는 우리의 정체성을 형성하는 감성적 유산이 된다. 이곳에서 사람들은 서로 연결되고, 소속감을 느끼며, 자신이 누구인지 정의할 심리적 토대를 발견한다. 소속감을 느끼던 경험들이 쌓여 도시를 단순한 생활의 무대로부터 감성적으로 살아 숨 쉬는 공간으로 변화시킨다.

커뮤니티는 도시의 핵심 요소다. 커뮤니티는 인간이 사회적 존재로서의 자아를 실현하고, 정서적 안정과 삶의 만족감을 얻는 환경이다. 만약 도시가 효율성과 경제 논리로만 작동한다면 단지 편리한 공간에 그칠 뿐, 감동을 주지는 못한다. 차가운 콘크리트와 금속으로 뒤덮인 텅 빈 기계처럼 느껴질 뿐이다. 하지만 따뜻함과 연대가 있는 활동적인 커뮤니티가 더해진 도시는 사람들에게 정서적 안정과 삶의 만족감을 선사하며, 그곳을 '나의 집'으로 느끼게 만든다. 이는 사람들이 함께 추억을 공유하고 정체성을 형성하는 공동체의 공간으로 작동할 때 가능하다.

도시에는 다양한 규모와 형태의 커뮤니티가 존재한다. 일반적으로 커뮤니티란 유사한 특성을 공유하며 같은 공간에 거주하는 집단을 의미한다. 또는 특정 동네·건물·아파트 단지 등 물리적 공간으로 정의되기도 한다. 작은 동네나 건물 단위로 형성된 소규모 커뮤니티는 사람 사이의 연결 고리를 강화하며, 이웃 간 신뢰와 소속감을 키운다. 이러한 유대감은 더 큰 규모의 커뮤니티로 확장할 수 있다. 작은 커뮤니티의 연결이 점차 도시 전체로 퍼질 때, 도시는 주민들의 삶과 추억이 어우러진 공동체의 장으로 변모한다.

내 경험에 비추어 보면 오스틴은 지역 단위의 커뮤니티를 넘어 도시 전체가 하나의 커뮤니티로 느껴졌던 몇 안 되는 특별한 사례다. 이런 일은 드물다. 규모가 커질수록 주민들이 공유하는 공통점을 발견하기 어렵고 공동체 간 단절이 곧잘 일어난다. 그러나 오스틴은 다인종 다문화의 도시임에도, 주민들이 자연환경과 공공공간을 중심으로 연결되며 참여 문화로 공동의 가치를 만들어 간다. 주민들은 소규모 공동체를 활성화하며 일상에서 공유한 기억과 정체성을 통해 자연스럽게 '우리의 도시'라고 느낀다. 이러한 연결과 협력의 기반 위에 오스틴은 안전하고 활기찬 무대로 작동하며, 도시 전체가 유대감으로 상호작용을 하는 이상적 커뮤니티를 실현한다.

이처럼 도시 전체가 하나의 커뮤니티로 작동할 때, 사람들은 자신이 도시의 중요한 일부라는 소속감을 강하게 느낀다. 이는 사람들이 자신이 속한 도시에 자부심을 느끼고, 공동체 행사에 더 적극적으로 참여하도록 만든다. 축제나 공동의 기념일은 주민들에게 도시가 '우리의 도시'라는 정체성을 심어준다. 이는 지역 브랜드를 강화하고 외부와의 관계에서도 도시를 돋보이게 만든다. 또한, 다양한 배경을 지닌 사람이 서로 연결되며 자연스러운 연대를 형성한다. 이 연대는 개인적·사회적 위기 상황에서 큰 안정감을 제공한다. 강한 공동체 의식을 지닌 도시는 자연재해나 경제적 위기 상황에서도 자발적인 지원 네트워크를 통해 서로 돕는 구조를 갖추게 된다. 이는 범죄율 감소·사회적 불평등 해소·주민 간 신뢰 증진 등의 긍정적인 결과로 이어진다.

게다가 공공자원 활용의 효율성 또한 높아진다. 주민들이 공공공간과 자원을 공동체의 일부로 느낀다면, 이를 소중히 여기고 관리하려는 책임감도 높아진다. 공원·광장·시장 같은 장소는 사람들 사이의 상호작용을 촉진하며 도시에 생명력을 불어넣는다.

도시가 하나의 커뮤니티로 작동하려면 작은 단위의 연결에서 전체로 확장되는 유기적인 과정이 필요하다. 주민 간 상호작용을 촉진하는 공간과 자원, 이를 통해 형성된 유대감은 도시를 하나로 묶는 힘이다. 이 과정을 이해하려면 도시 곳곳에서 이루어지는 사람들의 경험과 그 연결 방식을 구체적으로 들여다볼 필요가 있다.

오스틴의 협동주택

오스틴의 공동체 의식은 협동주택Co-op Housing과 같은 소규모 생활 단위에서 시작해 점차 확장되며 형성된다. 협동주택은 주민 간 상호작용을 자연스럽게 촉진하는 기반이자 도시 전체의 공동체 감각을 구체화하는 중요한 요소다. 거주자들이 자원을 공유하고 일상에서 협력하며 유대감을 형성하도록 설계되었다. 이처럼 작은 단위에서 시작된 상호작용은 궁극적으로 오스틴 전체를 하나의 커뮤니티로 엮는 중요한 연결 고리가 된다.

협동주택은 거주자들이 공동으로 소유하고 운영하는 주거 형태를 말한다. 일반적으로 개인이 아닌 커뮤니티 소유로, 거주자들이 주택의 유지 관리와 의사결정 과정에 직접 참여하는 방식으로 운영된다. 단순히 물리적 공간을 공유하는 공유주택Shared Housing과 달리 거주자 간 협력과 상호 책임을 기반으로 공동체 생활을 영위하는 형태다. 공유 주거는 미국의 다른 도시에서도 쉽게 찾아볼 수 있지만, 협동주택은 특히 학생과 저소득층이 많은 대학가 지역에서 발달한 구조로 볼 수 있다. 오스틴은 미국 내 주요 대학 도시 중 하나로, 오스틴대학교와 같은 대규모 교육기관이 있어 학생 인구가 많고, 청년층과 저소득층 주민 비율도 높은 편이다. 협동주택은 일반적인 월세나 주택 구입비보다 훨씬 저렴한 주거비가 들며 거주자들이 주거 프로그램 운영에 참여함으로써 공동체 의식이 자연스레 강화된다. 이 같은 이유로 오스틴에서는 경제적 효율성과 공동체 생활을 동시에 추구할 수 있는 협동주택 모델이 자연스럽게 발달하고, 활발히 운영되었다.

오스틴의 협동주택은 주민들이 적극적으로 참여하고 협력하는 환경을 조성하는 데 중점을 둔다. 이러한 주택은 개인의 독립성을 존중하면서도 공동체의 유대감을 강화할 수 있도록 설계된다. 예를 들어 공용 주방·거실·놀이 공간·정원 등 공유 공간은 거주자들이 자연스럽게 모이고 교류할 기회를 제공한다. 또한, 운영과 유지 관리에 주민들이 직접 참여하는 구조는 협동심과 책임감을 동시에 길러주며, 공동체 형성의 장으로 기능한다.

내가 살았던 홀스테드 코옵 하우징 Halstead Co-op housing 협동주택은 학생들이 직접 공간을 짓는 일부터 관리까지 모든 과정을 관장하는 곳이었다. 제도적으로 특이한 점은 학생들은 거주자일 뿐만 아니라 협동조합의 회원으로 활동한다는 것이었다. 일주일에 몇 시간씩 조합 일을 돕는 것이 입주 조건이다. 커뮤니티 단위로 학생들이 자발적으로 삶을 꾸려나가는 형태인데, 이웃끼리 함께 집을 운영하는 방식에 가깝다. 영리 목적인 주택과 다르게 집세는 집주인이나 관리 회사에 귀속되지 않고 유지 관리비(전기·수도·음식·인터넷) 등에 쓰인다. 따라서 비용도 굉장히 저렴하여 지갑 사정이 좋지 못한 학생들에게도 제격이다.

협동주택은 거주자 모두가 공간 책임자로 활동하는 작은 커뮤니티다. 모든 것을 함께하는 룸메이트가 80명 정도 되는 셈인데, 거주자 모두에게 업무가 주어지고, 업무는 순환제로 돌아가며 수행한다. 요리할 때면 3명 정도를 배정하고, 조리법을 공유한다. 조리법은 다른 그룹에서 지정해 전달한다. 지정된 인원은 정해진 시간에 내려와 세부 업무를 분담한다. 이후 점심이나 저녁 시간에 맞춰 음식을 나눠주고 같은 장소에서 밥을 먹으며 교류한다. 다른 구성원은 공용 화장

홀스테드 코옵 하우징
거주자들이 모여 작은 커뮤니티 기능을 수행한다.

실이나 공용 놀이방을 청소하는 등 공동의 일을 한다. 밤이나 금요일, 주말에는 한자리에 모여 영화를 틀어놓고 문화의 밤을 열거나 소규모 파티를 곳곳에서 벌인다. 당구를 치거나 컴퓨터를 할 수 있는 공간도 마련되어 있다.

협동주택은 다양한 배경과 삶의 방식을 가진 사람들이 함께 살아가며 작은 단위에서 시작된 공동체의 힘이 도시 전체로 퍼져나가는 연결과 포용의 모델을 제시한다. 학생 외에도 예술가·소규모 가족 등 경제적·사회적 지위가 다른 사람들이 함께 살아가기 때문이다. 다양한 배경을 가진 사람들이 협동주택 내에서 서로의 차이를 자연스레 이해하고 받아들인다. 오스틴 협동주택의 몇 가지 유형을 살펴보면 학생 중심의 협동주택인 칼리지 하우스College House, 일반 시민, 특히 예술가·창작자 등 비학생 중심의 사소나 협동조합 주택Sasona Co-op이 있다. 이외에도 가족 중심의 레위니옹 협동조합 주택La Reunion Cooperative이나 예술가 중심의 21번가 협동조합 주택21st Street Co-op 등이 있다.

 협동주택은 다양한 배경의 거주자들이 공동의 목표와 책임을 공유하고, 한 단계 나아가 지역 사회의 주민으로 자리 잡도록 돕는다. 이는 가정에서 협력과 책임감을 배우면 바깥에서도 이를 자연스럽게 발휘할 수 있는 것과 같은 이치다. 거주자들은 자원을 함께 관리하고 문제를 해결하는 과정에서 신뢰와 연대감을 형성하며, 협력과 사회적 책임감을 배우는 커뮤니티 학습의 장을 경험한다. 이러한 체험은 협동주택 내에 머무르지 않고 지역 사회와 도시 전반으로 확장된다. 거주자들은 지역 축제·공공자원 관리 프로젝트 등에 적극적으로 참여하며, 자신들이 더 큰 공동체의 일부라는 감각을 체득한다. 이는 협동주택에서 형성된 연대감이 더 넓은 공동체로 퍼져나가는 기반이 된다. 결과적으로 협동주택은 작은 커뮤니티에서 시작해 지역 사회와 도시 전체를 연결하는 중요한 역할을 한다. 협력과 책임감은 거주자들이 더 큰 사회와 도시의 문제에 기여할 수 있도록 이끌며, 오스틴을 '우리 도시'로 여기게 만드는 지속가능한 커뮤니티 문화를 형성한다. 이는 도시설계가 단순히 물리적 공간을 구성하는 것에 그치지 않고, 주민들이 환경과 상호작용하며 공동의 책임을 실천할 수 있는 구조를 만들어야 함을 보여준다.

공동의 추억이 축적된 공간이 주는 힘

공공공간은 협동주택보다 더 큰 단위로 사람들을 결속시키며, 공동체 의식을 도시 전체로 확장하는 중요한 역할을 한다. 주민들은 한동네에서 공동시설을 이용하며 일상 문제를 함께 해결하는 과정을 통해 자족적 커뮤니티로서의 유대감을 키운다. 이때 자연스럽게 주민 간 사회적 연결이 촉진된다. 이러한 환경에서는 사람들이 서로 가까이에서 만나고 상호작용을 할 기회가 많아지며, 도보로 이동하며 길에서 인사를 주고받는 친밀한 분위기가 형성된다. 특히 아이들은 든든한 이웃들이 만든 안전한 울타리 안에서 친구들과 어울리며, 어릴 때부터 같은 공간에서 쌓아온 추억은 삶의 중요한 일부가 된다.

이러한 일상 속 상호작용을 가능하게 만드는 물리적 환경은 도시설계 차원에서도 중요하게 다뤄진다. 예를 들어 뉴어바니즘 원칙에서도 공공공간을 인간 중심의 커뮤니티를 구축할 때 사람들의 상호작용을 촉진하는 핵심 요소로 본다.[20] 공원·광장·커뮤니티 센터와 같은 공공공간은 사람들이 모이고 교류할 수 있는 중심지가 되며, 물리적 기능을 넘어 정서적 유대감을 강화하는 장소로 작용한다. 이처럼 동네 단위에서 형성된 커뮤니티는 서로 연결되어 더 큰 커뮤니티를 이루며, 도시 전체가 하나의 거대한 공동체로 확장될 수 있는 기반을 제공한다.

이처럼 도시를 하나의 공동체로 만들기 위해서는 접착력을 갖는 구심점이 필요하다. 오스틴을 하나의 공동체로 만들어주는 힘 가운데 중요한 요소는 바로 자연이다. 곳곳에 자리 잡은 녹지·공원·수변 공간은 주민들이 모이고 소통하며 도시 전체를 하나의 커뮤니티로 만드는 데 중요한 역할을 한다. 자연을 품은 공원에서 조깅하고, 강변에서 카약을 타거나 공원에서 열린 음악 축제를 즐길 때, 배경인 자연환경은 이용자 간 공유된 경험을 만들고 관계를 형성하는 장소가 된다. 그렇게 자연은 개개인의 기억 속에 각인되며, 사람 간의 정서적 유대와 '공동의 기억'을 형성하는 특별한 공간으로 자리 잡는다. 전통적으로 자연환경은 커뮤니티·지역·도시 간의 경계를 구분 짓는 역할을 해왔다. 자연 요소는 지리적으로 특정 영역을 구분할 뿐만 아니라 종종 사회적·문화적 경계로도 작용한다. 그러나 오스틴의 경우 이러한 자연환경이 경계를 구분 짓기보다는 커뮤니티를 연결하고 확장하는 독특한 역할을 한다.

그중에도 오스틴의 수변 공간은 오스틴의 공동체가 함께 기억을 쌓는 특별한 장소다. 오스틴 시민들은 수상 활동이 풍부해서 '레이크 라이프Lake Life'를 즐기기로 유명한데, 이 지역의 장점인 1년 내내 따뜻한 날씨 덕분이다. 레이디 버드 레이크Lady Bird Lake·바튼 스프링스 풀Barton Springs Pool·레이크 트래비스Lake Travis와 같은 수변 공간이 도시에 있는데, 무엇보다 주거지에서의 접근성이 뛰어나다. 수변에 거주하지 않더라도 접근성과 풍부한 액티비티 프로그램 덕분에 주민 누구나 수변 공간을 자주 방문하여 자연환경이 주는 여유와 이 공간을 함께 누리는 공동체의 중요성을 느끼고 있다.

오스틴의 레이크 라이프는 단순한 여가 활동을 넘어 커뮤니티를 형성하는 핵심 기억으로 자리 잡는다. 도시마다 다양한 액티비티를 즐기는 공간들이 있지만 추억을 공유하는 공간의 힘은 크다. 어린 시절부터 형성된 추억이 성인이 되어서도 이어지는 공간적 연속성 때문

오스틴의 수변 공간
공공공간에서 시간을 보내며 유대감을 쌓는 오스틴의 레이크 라이프를 보여준다.

이다. 예를 들어 오스틴의 레이디 버드 레이크는 주말마다 가족들이 찾아와 자연에서 활기찬 시간을 보내는 대표 장소다. 아이들은 부모에게 자전거 타는 법을 배우거나 카약을 타보기도 하며 특별한 경험을 누린다. 추억이 많이 쌓일수록 그 장소는 방문했던 사람들에게 깊은 향수를 불러일으키며, 어린 시절의 기억과 가족과의 시간을 떠올리게 하는 고향 같은 감정을 선사한다.

특히 오스틴은 태어난 지역에서 평생을 살아가는 주민이 많은 도시인 만큼, 이러한 장소들은 단순한 공원이 아닌 삶의 중요한 배경이

자 끊임없이 개인적·공동체적 연결을 강화하는 공간으로 작동한다. 세대를 넘어 같은 장소에 경험과 기억이 축적될 때, 이 공간에서의 경험은 도시 전체를 하나로 연결하는 중요한 기반이 된다.

이 같은 공공공간에서 꾸준히 개최되는 지역 행사와 각종 대회 또한 자연스레 사람을 불러 모으는 요소다. 사람마다 각기 다른 배경이 있더라도, 이곳에서부터 새로 쌓는 '오스틴 커뮤니티'라는 기억으로 새로운 추억을 함께 시작한다. 물론 이러한 인종 다양성의 확보는 역사적으로는 남부 노예제 폐지 이후와, 인종차별 시절이 지난 후에나 이뤄진 것들이다. 오스틴은 물론 텍사스 사람들은 대부분 한 곳에서 나고 자라 같은 도시에서 평생을 살기 때문에 지역과의, 가족 간의 유대감이 강한 편이다. 자연히 오스틴 주민들 역시 도시 속에서 자연을 중심으로 한 끈끈한 공동체 의식을 형성하게 된다. 이는 오스틴이 다양한 인종과 문화를 포용하면서도 공통된 커뮤니티를 유지할 수 있는 이유 중 하나다.

인간 중심적 도시설계를 강조한 미국의 시사이드Seaside는 도시 곳곳에 위치한 공원·산책로·지역 축제 등으로 주민들이 자연스럽게 모이고 교류할 수 있는 공간을 제공한다. 이처럼 자주 마주치는 환경을 제공하면 자연스럽게 교류가 늘고 공동체 의식을 키울 수 있다.[21] 자연환경을 누구나 접근할 수 있는 공공자원으로 활용하며, 공원이나 자연 공간에서 운동·여가·지역 축제 같은 활동을 통해 교감한다. 이때 자연스럽게 커뮤니티의 경계가 허물어지고 새로운 유대감이 꽃피운다. 오스틴을 사람들과 자연이 조화롭게 상호작용을 하며 공동체 의식이 살아 숨 쉬는 공간으로 자리 잡게 하는 것이다.

함께 지켜낸 기억: 오스틴 만들기에 참여한 사람들

모든 장소가 공통의 추억을 담아 특별해지는 건 아니다. 그러나 사람들이 함께 무언가를 지켜내고 만들어 가는 과정은 그 장소를 특별한 의미로 변화시킬 수 있다. 오스틴의 자연환경은 바로 그런 노력의 결과다. 주민들이 스스로 일구고 지켜온 공간은 깊은 애정을 불러일으키며, 그 애정은 도시 전체에 대한 자부심으로 확장된다. 이 자부심은 '우리의 도시'라는 강한 유대감을 형성하며, 오스틴을 더욱 활기차고 살기 좋은 도시로 만드는 원동력이 된다. 주민들은 자신들이 가꾸고 지켜온 도시에서 서로를 지지하며, 함께 살아가는 공동체의 힘을 느낀다.

    오스틴의 자연은 알프스산맥이나 그랜드캐니언처럼 태초부터 웅장한 경관을 자랑하지는 않는다. 규모나 다채로움에서 돋보이진 않아도, 주민들의 노력으로 보존되고 가꿔진 환경운동의 산물로 잘 알려져 있다. 특히 오스틴은 도시 전역에 수변 공간과 녹지 공간이 풍부하게 조화를 이루며, 주민들과 방문객들은 자연의 풍요로움을 만끽한다. 마치 도시 전체가 하나의 공원처럼 느껴질 정도로 자연이 생활 속에 스며들어 있다. 이러한 환경은 주민들이 자연과 가까이하며 건강하고 활기찬 삶을 영위할 수 있는 기반을 제공하며, 오스틴을 매력적인 도시로 만들어주는 중요한 요소다.

    오스틴이 하나의 강력한 커뮤니티로 발전할 수 있었던 배경에는 도시 환경에 대한 시민들의 깊은 관심과 적극적인 참여가 있었다. 삶의 공간을 보존하고 가꾸기 위해 자발적으로 행동했는데, 이 과정에서 주민들은 그저 정책의 대상이 아닌 도시설계와 자연환경 보호를

5 하나의 커뮤니티

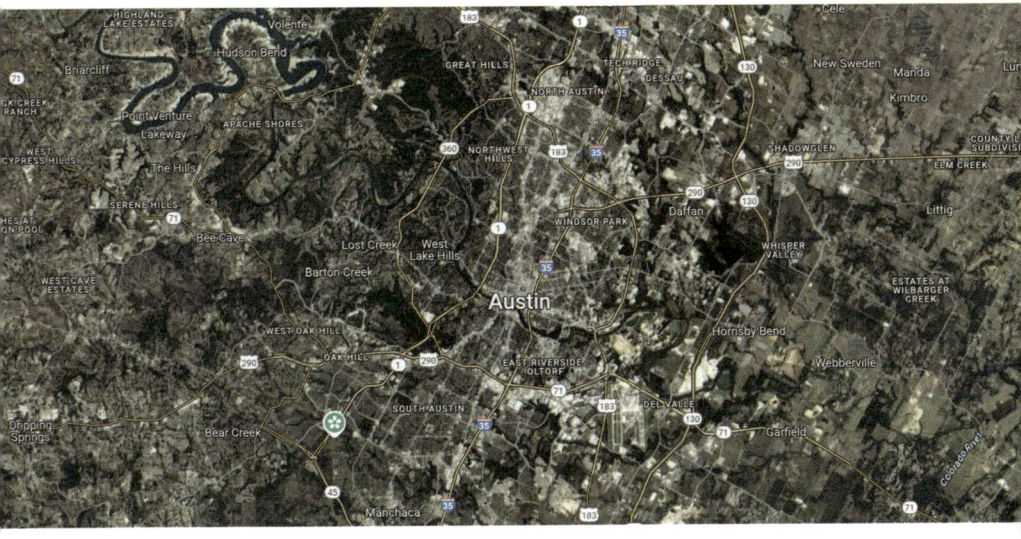

오스틴 지도
레이디 버드 레이크와 바튼 스프링스 등 오스틴은
풍부한 수변 환경과 녹지 공간이 조화를 이룬다.

주도하는 주체로 자리 잡았다. 덕분에 오스틴은 미국 내에서도 강경한 환경정책 도입이나 환경운동이 활발한 도시로 명성이 높다. 수많은 도시가 저마다 환경정책을 주창하지만, 주민들의 열렬한 참여로 삶의 공간을 보존하고 가꾸어 나가는 도시는 흔치 않다.

오스틴은 1970년대부터 수계 보호 정책을 수립하고, 장기 종합계획에도 포함한 도시다. 에드워즈 아퀴퍼Edwards Aquifer와 바튼 스프링스 같은 자연 자원을 중심으로 펼치는 보호 활동은 도시의 자연환경을 단순히 경관이 아니라 주민들의 추억과 애정이 담긴 공동체의 핵심으로 여기는 시민 의식과 결합되어 있다. 특히 바튼 스프링스는 온천이지만 여름마다 시민들이 모여 수영하고 여가를 즐기는 장소로, 세대를 넘어 추억이 쌓인 곳이다. 인디언들이 '기적의 샘물'이라며 귀하게 여기고 상처를 치유하는 곳이었다고 하니, 수변 공간 중에서도 유난히 역사가 깊고 지역민들의 애정이 가득한 곳이었을 것이다. 이러한 특별한 장소성은 시민들에게 바튼 스프링스는 단순한 물리적 장소가 아닌 공동체의 상징으로 각인하게 했다.

그러나 도시와 주변 자연환경도 대규모 개발 위협에 직면한 적이 있었다. 1970년대부터 시작된 고속도로 건설과 대규모 개발 계획은 바튼 스프링스를 비롯한 지역의 자연환경에 악영향을 끼칠 게 뻔했다. 그러던 중 1987년 하우스 빌 4호 House Bill 4가 통과되면서 오스틴시의 환경 규제가 완화되었고[22], 이후 프리포트-맥모란 Freeport-McMoRan Inc 이라는 개발업체가 바튼 스프링스 인근에 약 121만 평에 달하는 대규모 개발을 추진하게 되었다.

이에 주민들은 '우리의 스프링을 지키자 Save Our Springs, SOS'라는 운동을 벌이며 개발을 강력히 반대했다. 이 운동은 오스틴 커뮤니티 형성의 중요한 전환점이었다. 풀뿌리 운동으로 시작됐지만, 결과적으로 유역 내 신규 개발 사업의 일시 중단과 수질 기준에 관한 법률 제정을 성공적으로 이끈다. 바튼 스프링스를 중심으로 에드워즈 아퀴퍼의 샘물과 하천, 그 주변 유역의 자연 및 문화유산을 보호하게 된 것이다. SOS 조례는 오스틴 시민들이 주도적으로 제정한 것으로 이후 오스틴의 주요 자연 자원 보존을 위한 강력한 법적 기반이 되었다.

SOS 조례는 주민들이 자신의 공간을 지키기 위해 행동하고 협력할 수 있는 힘을 보여준 사례로 기록되었다. 그뿐만 아니라 오스틴 주

5 하나의 커뮤니티

바튼 스프링스
다양한 사람이 함께 공동의 추억을 쌓으며 커뮤니티를 형성하는 수변 공간이다.

민들의 환경에 대한 애정과 공동체 정신을 반영하는 상징으로 자리 잡았다. 공청회에서 수많은 시민이 밤새 토론하며 자연을 보호해야 할 이유를 발언했고, 이 과정에서 공간에 대한 개인적 기억과 감정이 도시의 공적 결정을 이끄는 데 중요한 역할을 했다. 결국 이 같은 노력은 단순히 개발을 저지하는 데 그치지 않고, 주민들에게 '함께 지켜 낸 공간'이라는 유대감을 제공하며 커뮤니티 결속력을 강화했다.

아직도 기록에 남아 있는 공청회 영상을 보면 대규모 도시 개발에 반대하는 발언 장면이 담겨 있다. 영상에 따르면 1990년 6월 7일, 공청회장에 사람들이 가득 모여 대규모 개발이 이뤄지면 안 되는 이

오스틴에서

공청회 당시 모습
오스틴 사람들이 공청회에서 돌아가며 연설하는 장면으로
당시의 열정적인 모습이 기록된 영상을 공식 홈페이지에서 확인할 수 있다.

유를 두고 밤새도록 토론한다. 수많은 주민이 앞에 나와 이야기를 공유하고, 사람들은 추억이 담긴 공간을 왜 훼손하려 하느냐며 울분을 토한다. 끝내 개발 계획을 철회한다는 판결이 났을 때 기뻐하던 그들의 모습은 두고두고 기억에 남는 장면이다.

    이러한 커뮤니티 정신은 여전히 오스틴의 발전을 이끄는 원동력이 되고 있다. 시민들의 활동은 여기서 그치지 않고 계속되어, 이후에도 도시를 지키기 위한 크고 작은 모임들로 연결되었다. 시 정부가 주도한 프로그램 '오스틴을 상상하다 Imagine Austin'는 주민들이 도시계획에 직접 참여하여 지속가능한 도시를 설계하도록 독려한다.[23] 도시의 미래를 설계하는 과정에서, 이 프로그램에 참여한 수만 명의 시민이 커뮤니티의 힘을 다시 한번 증명했다. 이 프로그램은 지속가능성, 자연과 도시의 융합, 적절한 비용의 주거지 유지, 함께하는 활동하기 Work Together, 동네가 가진 고유의 성격 유지하기 등을 목표로 한다.

오스틴의 커뮤니티는 주민들이 함께 행동하고 공간을 지키며 기억을 공유하는 과정에서 형성된 연대의 결실이다. 커뮤니티는 외부 위협으로부터 도시를 보호하고, 지속가능한 발전을 이끄는 데 중요한 역할을 해 왔다. 주민들은 자발적으로 삶의 공간을 보존하고 가꾸었으며, 도시를 주민들이 목적을 공유하는 특별한 장소로 발전시켰다. 오스틴의 사례는 커뮤니티의 힘이 도시 발전에 어떻게 기여하는지 잘 보여준다. 그렇게 지켜낸 장소는 '우리의 공간'이라는 깊은 유대감을 만들어내며, 커뮤니티의 결속력을 한층 더 강화했다. 공통의 유대감은 오스틴의 활력과 번영을 이끄는 원천이며, 앞으로도 도시를 발전시키는 중요한 기반이 될 것이다.

유대와 공동체가 만들어낸 도시

오스틴은 사람으로 시작하고, 사람으로 이어진 도시다. 주민들이 함께 가꾸고 지켜온 노력과 열정이 도시의 모든 측면에 녹아 있다. 협동주택·공공공간·공유된 기억에서 비롯한 강력한 커뮤니티는 오스틴을 특별하게 만들었고 수많은 추억이 실처럼 작용해 도시를 하나의 커뮤니티로 연결했다.

협동주택, 추억을 공유하는 공공공간, 그리고 공간을 지키려는 이들의 노력이 각각 독립적으로 중요한 가치를 지니지만, 조화를 이루며 함께 작동할 때, 비로소 강력한 커뮤니티를 형성한다. 협동주택은 작은 단위에서 시작해 사람 간 신뢰와 협력의 문화를 구축하며, 더 큰 공동체로 확장하는 기반이 된다. 추억을 공유하는 공공공간은 사람들의 정서적 유대감을 강화하며, 주민들이 도시를 '우리의 공간'으로 느끼게 한다. 마지막으로 사람들이 공공공간을 지키기 위해 자발적으로 참여하는 노력은 공동체의 지속가능성을 보장하며, 도시 전체의 결속력을 강화한다. 이 세 요소가 어우러져 서로의 역할을 보완할 때, 도시 내 커뮤니티는 독립된 개별적 단위가 아닌 유기적으로 연결된 하나의 큰 공동체로 발전한다.

더 흥미로운 점은 이 모든 과정이 거창한 밑그림에서 시작되지 않았다는 사실이다. 작은 행동이 쌓이고 사람들이 자연스럽게 연결되며 도시를 하나로 묶는 끈끈한 유대감이 만들어졌다. 누군가는 바튼 스프링스에서 친구들과 즐거운 하루를 보내고, 다른 누군가는 레이디 버드 레이크 주변에서 아침을 시작한다. 협동주택에서는 주민들이 서로 협력하며 문제를 해결해 간다. 이런 일상의 순간이 모여 오스틴은 사람과 사람을 잇고 자연과 인간이 조화를 이루는 특별한 도시이자 커뮤니티로 발전했다.

    좋은 도시는 거창한 계획에서 만들어지지 않는다. 작은 행동과 노력이 모여 커다란 변화를 이루고 활기찬 공동체를 형성하는 곳이 진정 좋은 도시다. 오스틴은 훌륭한 도시의 모범을 보여주며, 주민들의 자발적인 노력과 협력이 어떻게 도시 전체를 하나의 커뮤니티로 발전시키는지 잘 보여주는 사례다.

6
정착의 종착점

근로자를 끌어당기는
정주 환경의 조건

오스틴의 빛은 창의성을 삶의 방식으로 실현한 정주
환경에서 비롯된다. 예술·기술·교육·비즈니스가
유기적으로 연결된 도시 생태계는 사람들에게 단지
일할 수 있는 환경이 아니라 창의적으로 살아갈 수
있는 기반을 제공한다. 오스틴은 이렇게 형성된 창의성
중심의 정주 환경을 바탕으로, 사람들이 살고 싶은
도시로 자리매김했다. 그 결과 이 도시는 혁신적이고
지속가능한 삶의 무대가 되어 가고 있다.

사람들을 끌어당기는 도시

오늘날 많은 사람은 연봉과 경제적 이점을 기준으로 도시를 선택하며, 이는 도시 간 치열한 경쟁을 부추긴다. 샌프란시스코·산호세·워싱턴 D.C.와 같은 도시는 높은 연봉과 다양한 직업 기회로 유명하며, 많은 기업과 근로자들은 이러한 경제적 조건을 따라 이동한다. 그러나 오스틴은 이러한 흐름과는 차별점이 있다. 평균 연봉이 가장 높은 도시에 속하지 않음에도 사람들이 떠나지 않는 도시이자 창의적 에너지가 넘치는 허브이기 때문이다.

오스틴의 성공은 경제적 유인책이나 기업 유치 노력에만 의존하지 않는다. '일하기 좋은 도시'를 넘어 '살기 좋은 도시'라는 명확한 비전을 실현하며 사람들을 끌어당긴다. 창의성 넘치는 훌륭한 인재를 유치하는 업무 환경과 대학 시설, 음악과 영화 등 창조적 에너지가 넘치는 문화 환경은 거주자들을 머무르게 하는 데 그치지 않고 그들이 새로운 아이디어를 실현하고 협력할 수 있는 기반을 제공한다. 오스틴의 문화적 풍요는 창작자들에게 영감을 주고, 도시 전체를 창의적 사고와 혁신이 활발히 이루어지는 공간으로 탈바꿈시키며 근로자들이 정착하고 싶어 하는 매력적인 생태계를 만들어낸다.

창의성은 오스틴의 핵심 자원이다. 그 덕에 근로자·산업·기업이 모여든다. 실리콘 힐스Silicon Hills라 불리는 오스틴 첨단산업 중심지에는 페이스북·구글·애플·테슬라와 같은 글로벌 기업뿐 아니라 수많은 스타트업이 자리 잡고 있다. 하지만 오스틴의 진정한 경쟁력은 기업의 수에 있지 않다. 이 도시는 창의적 에너지가 자유롭게 흘러가는 환경을 조성하여, 사람들이 아이디어를 얻고 실현하며, 협력하는 과정

오스틴에서

오스틴의 실리콘 힐스
입주한 기업들의 스카이라인과 주변의 녹지, 저층 건물이 조화를 이루고 있다.

을 통해 지속적으로 혁신을 이루는 독특한 생태계를 구축했다.

 오스틴의 창의적 환경은 도시 곳곳에서 자연스럽게 형성된다. 지역 기반의 이벤트, 음악과 영화 같은 문화 활동, 트렌디한 카페와 작업 공간 등은 사람을 연결하고 대화를 시작하게 만드는 접점으로 기능한다. 이러한 공간에서 창의적인 네트워크가 형성되고, 새로운 아이디어의 교환이 이뤄지며 협력 관계가 형성된다. '창의적인 네트워크'란 사람들이 예술·기술·비즈니스 등 다양한 분야의 생각을 나누고 협력하는 관계망을 뜻한다. 오스틴은 이처럼 사람들의 창작 활동과 사회적 연결을 촉진함으로써, 개개인의 창의성을 도시 전체의 혁신으로 확장시킨다.

이와 같은 환경은 근로자뿐 아니라 기업에도 매력적이다. 창의성이 넘치는 도시는 우수한 인재를 끌어들이고, 기업들이 혁신을 실현할 기회를 제공한다. 이는 '사람이 먼저 정착하면, 기업이 따라온다'라는 새로운 도시 발전 모델을 보여준다. 오스틴은 근로자와 기업 간 상호작용을 통해 창의적 에너지가 지속적으로 순환하는 구조를 만들어냈다. 이 선순환 구조는 사람과 기업이 함께 성장하며, 도시가 끊임없이 발전할 수 있는 강력한 기반이 된다.

한국의 판교 테크노 밸리와 비교하면 오스틴의 차별점은 더욱 분명해진다. 판교는 낮에는 사람들이 가득하지만, 밤과 주말이 되면 텅 비는 유령 도시로 불린다. IT 기업들이 높은 연봉의 매력적인 일자리를 제공하지만, 사람들은 여전히 판교에 정착하기를 주저한다. 높은 주거 비용 탓도 있지만 문화 시설이 많지 않아 젊은 근로자에겐 거주지로서 매력적이지 않다. 반면, 오스틴은 일자리뿐 아니라 높은 삶의 질과 쾌적한 정주 환경을 제공해 사람들이 떠나지 않고 머물게 한다. 결과적으로 오스틴은 근로자의 정착과 성장을 지원하며, 기업의 유입과 발전을 촉진하는 선순환 구조를 만들어냈다. 그렇다면 오스틴은 어떻게 이런 구조를 구축했을까?

창의적 인재가 머무는 기업 환경

도시가 사람을 끌어들이는 데에는 양질의 일자리나 높은 연봉이 매력적인 요소지만, 이것만으로는 부족하다. 진정으로 사람들을 매료시키는 것은 그들이 일하는 동시에 살고 싶은 환경을 갖춘 곳이다. 텍사스의 다른 도시가 석유 같은 자원 산업에 의존하는 동안, 오스틴은 살고 싶은 매력적인 환경을 구축하기 위해 창의성을 기반으로 한 독창적인 발전 모델을 구축해 왔다. 기업과 근로자 모두에게 매력적인 기업 환경과 경제적 혜택을 제공하면서도, 독특한 삶의 방식을 제안하며 도시 경제의 핵심 동력을 형성하고 있다.

리처드 플로리다Richard Florida가 『The Rise of the Creative Class』에서 제시한 '창의적 계급Creative Class 이론'은 창의성이 도시의 성공과 번영에 있어 얼마나 중요한지 설명한다. 창의적 계급은 과학·예술·디자인·기술 등 다양한 분야에서 활동하며 혁신을 만들어내는 사람들로 구성되며, 이들이 모이는 도시는 경제적·사회적 번영을 이루는 경향이 있다. 플로리다는 창의적 계급이 단순히 높은 연봉만을 추구하지 않고 다양성과 포용성을 갖춘 환경, 혁신을 지원하는 개방성, 예술과 기술이 융합된 도시를 선호한다고 주장한다.[24]

오스틴은 플로리다의 이론이 말하는 성공하는 도시, 즉 창의적 계급을 끌어들이는 이상적 조건을 갖추고 있다. 첫째, 오스틴은 창의적 인재를 유인하는 환경을 조성하기 위해 기존의 첨단산업 허브와 차별화된 접근 방식을 택했다. 실리콘 힐스는 첨단 기술 산업과 창의적 계급이 공존하는 공간으로, 협력과 혁신이 자연스럽게 이루어지는 환경을 제공한다. 예를 들어 캐피털 팩토리Capital Factory와 같은 스타트업 인큐베이터나 공유 오피스는 창의적 인재들이 교류하고 협력할 수 있는 개방적 공간으로 설계되어, 서로 다른 배경과 경험을 가진 사람들이 자유롭게 아이디어를 교환하고 프로젝트를 공동으로 발전시키는 데 중점을 둔다.[25] 오스틴 테크놀로지 카운슬Austin Technology Council, ATC처럼 실리콘 힐스의 산업 커뮤니티 지원 단체 같은 시설은 지역 기업들이 성장하기 위한 협력 기회 창출과 발전을 지원한다.[26] 이러한 노력은 스타트업과 대기업 간 협력을 촉진한다. 물론 실리콘밸리와 같은 글로벌 경쟁 도시들과 유사한 방향성을 띤다고 할 수 있다. 그래도 오스틴 특유의 개방적이고 참여적인 문화는 새로 진입하는 기업에도 포용적인 모습으로 창의적 인재들에게 특별한 기회를 제시한다.

둘째, 오스틴은 창의적 인재의 정착을 이끄는 경제적 여건에서 강점을 보인다. 특히 실주거비에 관한 경쟁력은 인재와 기업의 유입을 촉진하며 지속가능한 생태계를 구축하는 데 핵심 역할을 한다. 오스틴은 미국 평균 수준의 식료품 및 의료비를 유지하면서도, 주택 비용 측면에서 실리콘 밸리의 산호세에 비해 훨씬 유리하다. 미국 최대 부동산 정보 플랫폼인 질로Zillow에 따르면 2024년 말 기준 오스틴의 주택 중위 매매 가격은 약 7억 4천만 원(55만 3천 달러), 산호세는 약 18억 6천만 원(139만 달러)으로, 산호세의 주택 가격이 오스틴보다 약 2.5배 높다.[27]

이처럼 상대적으로 저렴한 주거 비용 덕분에 오스틴은 창의적 계급이 안정적으로 정착하고 작업에 집중할 수 있는 환경을 제공한다. 텍사스의 주 소득세 면제 정책도 중요한 요인으로 작용한다. 이는 예술가·디자이너·개발자 등 초기 소득이 불안정한 계층에게 더욱 매력적인 조건이다. 이러한 경제적 혜택은 단순히 비용 절감을 넘어 창의적 프로젝트와 혁신에 더 많은 자원을 투자할 수 있는 환경을 제공한다. 오스틴의 경제적 여건은 저비용으로 시작해야 하는 스타트업이 둥지를 틀 환경을 효과적으로 제공하여, 인재와 기업이 장기적으로 정착하고 번영할 수 있는 매력으로 작용한다.

오스틴에게 창의성을 배양하는 환경은 현대 도시가 번영하고 경쟁력을 유지하기 위해 필수적인 자원이자 도시 전체의 사회적·경제적 발전을 견인하는 핵심 동력이다. 탈산업화, 지식 기반 사회로의 전환에서 창의성은 새로운 아이디어, 혁신적인 기술, 그리고 독창적인 문화 형성을 통해 도시 경제를 활성화하는 원천이 된다. 이는 자족적인 도시 성장을 가능하게 하며, 지속가능한 발전을 지원하는 기반을 제공한다. 오스틴의 사례는 창의성을 중심으로 한 도시설계와 정책이 어떻게 사람과 기업 모두를 끌어들이고, 그들의 정착과 성장을 이끄는지 보여준다.

6 정착의 종착점

대학이 확장하는 창의적 생태계

오스틴이 창의적 인재와 기업이 정착하고 싶어 하는 도시로 자리 잡은 비결 중 하나는 지역 중심의 대학이 도시의 경제·사회·문화 전반에 미치는 강력한 영향력이다. 오스틴 중심의 오스틴대학교 The University of Texas at Austin 는 산학연 협력의 중심지로서 지역 사회를 연결하고 발전시키는 데 중요한 역할을 하고 있다.

    대학은 도시를 변화시키는 강력한 동력이다. 학생·연구자·교직원을 포함한 많은 사람이 대학을 중심으로 움직이며, 이들의 수요를 충족시키기 위해 도시 인프라도 발전한다. 오스틴대학교 주변에는 협동주택·아파트·단독주택 등 다양한 주거 형태가 조성되어 학생부터 가족 단위 거주자까지 다양한 인구가 정착할 수 있는 환경이 마련되어 있다. 대중교통과 도보 중심의 도시설계는 도심과 대학 간의 접근성을 높여 학생과 주민 모두에게 편리함을 제공한다. 캠퍼스 내 공연장과 갤러리, 박물관과 같은 문화 자원은 도시 전체의 삶의 질을 향상시키며 정주 환경을 더욱 풍부하게 만든다.

    오스틴의 성공적인 산학연 협력은 1980년대부터 시작되었다. 1980년대 텍사스는 석유 산업 침체로 심각한 경제 위기를 겪으며 산업 구조 전환의 필요성을 절감했다. 이때 텍사스 정부는 교육과 연구 개발 인프라에 대대적인 투자를 단행했고, 오스틴대학교는 이를 통해 첨단 산업의 중심지로 발돋움했다. 특히 공학·법률·경영학 분야 교수진과 연구진은 지역 기업과 협력하며, 우수 인재 배출에 기여했다. 이러한 산학연 협력의 대표 사례는 ATRP Advanced Technology and Research Program 다. 1987년 실시된 기초과학 및 응용 기술 개발을 지원하는 주 정부

연구 지원 프로그램이다. 연구자와 기업의 협력을 촉진하며 창의적 아이디어를 실현할 수 있는 플랫폼을 제공했다.[28] 이러한 협력은 실리콘 힐스로 불리는 오스틴 첨단 산업 단지의 성장에도 직접적인 영향을 미쳤다. 오스틴대학교와 기업의 연계는 연구 개발은 물론, 기업 내 창업으로 이어지는 분사Spin-out 효과를 낳았다. 이를 통해 오스틴은 창의적인 기술 혁신의 허브로 자리 잡았다.

대학은 도시 내 사람들을 연결하고 강화하는 플랫폼으로 기능한다. 오스틴대학교는 강연·전시·스포츠 이벤트 등 행사를 주최하며, 학생과 주민들이 자연스럽게 교류할 기회를 제공한다. 캠퍼스 내에서 열리는 채용 박람회와 네트워킹 이벤트는 학생들이 지역 내 일자리를 탐색할 기회를 제공하며, 기업들이 우수 인재를 확보하는 장이 된다. 오스틴대학교와 협력하는 다국적 기업들은 캠퍼스 내에서 적극적으로 채용 활동을 펼치며, 학생들에게 인턴십과 취업 기회를 제공한다.

나 역시 체감한 사실인데, 특히 공과대학 학생들을 대상으로 세계적인 기업들이 학교 내부로 들어와 채용 행사를 주최하고 식사 자리까지 마련하며 일자리를 제안했다. 기업들이 오스틴 출신 졸업생들은 선호하는 분위기를 실감했다. 이러한 네트워크는 학생들이 졸업 후에도 지역 내에 정착할 동기를 부여하며, 도시 경제에 활력을 불어넣는다. 이는 졸업생의 취업률 증진은 물론 도시와 대학이 상호작용을 하며 정주 환경을 강화하는 선순환 구조를 만들어낸다.

이처럼 오스틴대학교와 도시는 서로의 성장에 이바지하는 윈-윈 관계를 형성하고 있다. 대학과의 네트워킹 시스템이 기업의 성장을 돕는 사례는 주변 대학과 교류하며 성장한 실리콘 밸리에서도 찾아볼 수 있다.[29] 대학은 도시에 필요한 인재를 공급하며, 혁신과 창의적 활동을 지원할 수 있는 기반을 도시 내에 마련한다. 반대로 도시는 학생과 연구자가 머물고 싶은 환경을 제공하며, 기업과 연구소가 함께 협력할 수 있는 생태계를 조성한다. 예를 들어 델Dell과 같은 하이테크 기업은 오스틴대학교의 인재와 연구 능력을 적극 활용하며 지속적인 혁신을 이뤄냈다.

오스틴대학교는 도시의 정주 환경을 높이는 데 있어 핵심적인 역할을 한다. 대학교는 인프라를 확장하며 지역 주민과 기업, 연구자를 연결하고, 이들이 함께 성장하는 플랫폼을 제공한다. 이러한 환경은 졸업 후에도 지역 내에 머물며 경제적·사회적 활동을 이어나갈 계기를 만들고, 도시 경쟁력을 강화한다. 오스틴의 사례는 대학 중심의 산학연 협력이 도시 전체를 창의적이고 활기찬 생태계로 만드는 데 얼마나 중요한 역할을 하는지 보여준다. 이는 교육기관이 도시 및 기업과 적극적으로 협력할 때 사람들이 머물고 싶어 하는 진정한 정주 환경이 조성될 수 있음을 증명한다.

문화를 품으면 사람이 머문다

사람을 끌어당기는 정주 환경의 중요한 요소 중 하나는 문화에 있다. 문화는 여가 활동은 물론 도시의 경제적 번영과 성장의 핵심 동력으로 창의성을 촉진하는 환경을 형성한다. 도시에서 문화를 활용한다는 것은 독립 영화관·라이브 음악·현대 미술 같은 문화적 자원이 도시에 잘 어우러졌음을 뜻한다. 이런 도시는 다양한 배경과 아이디어를 가진 사람들을 끌어들이고, 서로 배우고 협력하며 창의적 에너지를 발휘할 토대를 만든다. 오스틴은 이를 보여주는 대표 사례로 음악 축제·예술 전시·야외 활동 같은 풍부한 문화적 기회로 교류와 협력을 촉진하는 공간을 제공한다. 예술가·기술자가 한데 모이는 이 도시의 문화적 다양성은 창의성의 촉매가 되어, 사람들이 정착하고 머물고 싶어 하는 매력적인 도시로 발전했다.

오스틴의 공식 애칭인 '전 세계 라이브 음악의 수도 The Live Music Capital of the World'는 이 도시가 음악을 즐기는 장소인 동시에 '창의성을 촉진하는 문화 환경'이 정착 욕구를 불러일으키는 매력적인 문화 환경을 제공한다는 점을 잘 보여준다. 오스틴에서 매년 열리는 오스틴 시티 리밋 페스티벌 Austin City Limits Music Festival과 SXSW South by Southwest 축제는 전 세계 음악·영화·기술 산업의 혁신가들이 한자리에 모이는 대규모 행사로 창의적 교류의 장이자 도시의 활력을 끌어올리는 촉매다. 축제는 이질적인 분야를 한곳에 모음으로써 다양한 배경과 전문성을 가진 사람들이 서로의 아이디어에 영감을 받아 협력할 기회를 제공한다. 예술가·창작자·스타트업 창업자·투자자·기업 대표 등이 한데 모여 네트워크를 형성하고, 새로운 프로젝트와 협업을 구상할 수 있는

오스틴 시티 리밋 뮤직 페스티벌
시민들은 녹지 공간에서 축제를 즐긴다.

독특한 플랫폼으로 기능한다.

이뿐 아니다. 오스틴은 수많은 행사를 개최하고, 글로벌 또는 신생 기업을 초대하여, 신제품 공개나 기술 시연의 기회를 제공한다. 트위터는 SXSW 2007에서 대중에게 처음 소개되어 급격한 성장을 이룰 수 있었고, 페이스북·우버·에어비앤비 같은 기업도 SXSW에서 기술과 플랫폼을 홍보하거나 주요 이벤트를 진행한 바 있다. 이러한 사례는 오스틴을 신생 기업의 실험과 혁신을 지원하는 도시로 각인시켰으며, 창업자와 투자자가 모여드는 계기를 만들었다. 신생 기업이 오스틴에서 성장하고, 오스틴에서 기반을 다진 신생 기업이 고용 창출과 지역 경제 활성화에 기여하고 더 많은 인재를 다시금 끌어들이는 순환 구조가 만들어진다.

축제 참가자들은 단순히 신기술 체험과 비즈니스 기회를 얻는 것에 그치지 않고, 오스틴의 풍부한 문화적 자원과 삶의 질을 경험하며, 이곳에 정착하고 싶다는 욕구를 느낀다. 축제에서 형성된 네트워크는 도시 내 구성원들이 창조적 환경을 만들어내는 지속적인 기회로 이어지고, 풍부한 문화적 자원과 높은 삶의 질은 일과 삶의 균형을 동시에 누릴 가능성을 제시한다. 또한, 오스틴의 개방적이고 포용적인 커뮤니티는 참가자들에게 강한 소속감을 심어주며, 이곳에서의 삶을 상상하게 한다. 이는 단순히 가끔 방문하는 도시가 아니라 머물고 싶은 곳으로 오스틴을 자리매김하게 하는 이유다.

그밖에도 오스틴에는 비주류 음악 장르와 문화를 사랑하는 사람들을 위한 독특한 음악 세계도 존재한다. 자신만의 정체성을 공유하고 연결될 수 있는 특별한 환경을 제공하기에 오스틴은 '나를 위한 도시'라는 강력한 소속감을 준다. 1960~1970년대부터 히피 문화와 다양한 인종의 유입으로 자유롭고 개방적인 도시 문화가 형성되었으며, 이는 록·블루스·컨트리 음악 등으로 대표되는 독특한 문화적 정체성을 강화하는 데 기여했다. 이후 창고를 갤러리나 공연장으로 바꾸는 공간 전환 작업을 통해 오스틴은 독창적 표현이 가능한 물리적 공간을 제공하며, 문화적 매력을 더욱 배가시켰다. 아르마딜로 월드 헤드쿼터 Armadillo World Headquarters와 같은 공연장은 주류 음악뿐 아니라 비주류 음악 장르와 다양한 음악적 배경을 가진 사람들이 교류하는 공간으로 자리 잡았다. 이러한 공간들은 음악계 종사자를 비롯해 특정 음악을 즐기고 공유하려는 소비자까지 끌어들이며, 오스틴을 더 창의적

아르마딜로 월드 헤드쿼터 공연장

주방위군 무기고National Guard armory를 음악 공간으로 개조한 곳으로,
히피와 자유로운 음악을 추구하는 1970~1980년대 아웃로Outlaw 컨트리 문화의 대표 공간이다.

안톤스Antones 클럽

1970년대 폐업한 가구점을 개조한 공간으로 B.B. 킹과 스티비 레이 본 같은
유명인들이 공연한 블루스 음악의 성지이며, 현재까지 운영되고 있다.

이고 자유로운 도시로 만들었다.

오스틴은 문화적 정체성을 강화하고 창의적 인재를 유치할 만한 도시공간 마련에 꾸준히 공을 들인다. 도심 창고를 예술 공간이나 갤러리로 전환하는 프로젝트는 이러한 노력의 사례로, 산업 용도의 건물을 예술 창작과 허브로 변모시켜 도시의 매력을 배가시켰다.[30] 게다가 도심의 비영리 공연 및 시각 예술 장소를 조사해 이를 지도로 만들고 주민과 방문객이 문화적 장소를 손쉽게 탐색하도록 지원한다. 이 모든 과정은 오스틴을 생동감 넘치는 문화적 공간으로 변화시키는 데 중요한 역할을 했다. 예술가와 같은 창의적 인재들에게 문화와 예술을 자유롭게 탐구하고 공유할 수 있는 플랫폼을 제공하며, 창의적 에너지가 도시 곳곳에서 발현되는 환경을 조성한다.

문화의 활용만으로 도시 분위기가 극적으로 전환되며, 근로자들의 만족도는 향상된다.[31] 문화 요소는 도시를 평범한 거주 공간에서 감성적·창의적 공간으로 바꾼다. 모든 시민이 문화적 공간 체험을 하지 못하더라도 예술 공연장·갤러리·음악 축제 등의 문화적 장소는 존재 사실만으로도 도시 이미지에 긍정적인 효과를 준다. 이러한 공간들은 도시의 활력과 창의적 에너지를 상징하며, '이 도시에서는 무언가 특별한 일이 일어나고 있다'라는 기대감을 심어준다. 결과적으로 문화적 자산은 사람들이 정착하고 머물고 싶어 하는 매력적인 공간으로 도시를 변화시킨다. 문화가 제공하는 가능성과 잠재력은 주민의 소속감과 자부심을 고취하고 외부 사람들에게 도시를 새로운 기회의 장으로 느끼게 한다.

기업과 문화가 어우러진 정주 환경의 매력

좋은 정주 환경을 갖춘 도시는 사람들에게 일터 이상의 매력을 제공한다. 사람들은 같은 임금을 받더라도 삶의 질이 높은 환경에서 일하고 싶어 하며, 이러한 도시는 자연스럽게 우선 선택지가 된다. 여기서는 직장만을 위해 머무는 것이 아니니 도시에서의 삶 자체를 즐기며 정착으로 이어진다. 반면, 대개 그저 일하는 공간으로 여겨지는 회사나 직장이 직원들에게 특별한 애정을 불러일으키는 경우는 드물다. 일자리만으로는 도시에 머무를 이유를 만들어내기 어렵다. 그러나 정주 환경이 매력적인 도시는 이러한 한계를 넘어 일과 삶의 균형을 제공하며 도시 자체에 대한 애착 형성을 촉발한다.

오스틴은 기업 환경과 정주 환경을 유기적으로 결합하여 사람들이 직장뿐 아니라 도시 전체에 애착을 느끼게 만든다. 기업 환경·대학·문화의 조화가 제공하는 독특한 경험은 도시를 일터에서 삶의 중심지로 변화시킨다. 시 당국은 기업들이 운영 비용 절감을 돕는 절세 혜택을 제공하며, 직원들이 도시의 풍부한 문화와 여가를 즐기며 일할 수 있는 환경을 조성한다. 세금 제도는 기업에 매력적인 당근이 되고, 다양한 음악 축제와 문화적 이벤트는 직원들에게 새로운 영감과 만족감을 선사한다. 더불어 텍사스의 명문 대학이 배출하는 재능 있는 젊은 인재들은 기업이 원하는 우수한 인력을 지속적으로 공급하며, 도시와 기업의 긍정적 순환 구조를 만들어낸다. 오스틴은 일자리와 주거지를 제공하는 데 그치지 않고, 기업과 주민 모두가 성장하고 만족하는 창의적이고 활기찬 생태계를 구축했다.

정주 환경이 좋은 도시는 사람을 끌어들이는 것에서 끝나지 않는

구글 사옥 전경
블록 185는 레이디 버드 호수 너머에 위치한 곡선형 유리 외관의 고층 오피스 빌딩이다. 구글이 전 층을 장기 임대한 이 건물은 자연과 업무 공간이 공존하는 오스틴의 기업 환경 특성을 잘 보여준다.

도심과 인접한 공원 언덕
고밀도의 도심과 일상적인 여가 공간이 공존하는 도시 환경을 보여준다.

다. 이러한 도시는 사람들로 하여금 정착하고 더 나아가 거주자들이 도시의 일부가 되고 싶게 만든다. 오스틴의 사례는 문화와 경제적 경쟁력이 결합된 도시가 어떻게 창의적 생태계의 본보기가 될 수 있는지 보여준다. 이것이 바로 오스틴이 살고 싶은 도시로 자리 잡은 이유이며, 앞으로도 창의적 혁신의 중심지로 남을 수 있는 비결이다.

7
휘게의 도시
소확행의 근원

시민들이 행복을 온전히 느낄 수 있는 도시는 특별하다.
코펜하겐은 '휘게' 문화를 기반으로 소박하지만 확실한 행복을
누릴 수 있는 도시 환경을 조성한다. 즐거운 공간·사적인
공간·어울림의 공간을 통해 공적인 도시공간에서도 개인화된
경험을 할 수 있도록 하며, 시민들이 언제 어디서든 자유롭게
행복감을 맛볼 수 있도록 한다.

자유로운 행복을 느낄 수 있는 휘게 도시

행복은 모든 사람이 추구하는 가장 중요한 가치지만, 그 정의와 방식은 바닷가의 조약돌처럼 다채롭다. 특히 특징적인 문화유산과 정서를 공유하는 도시들이라 해도 도시마다 행복을 정의하고 추구하는 방식에는 차이가 있다. 이는 각 도시가 지닌 역사·환경·설계·기후와 같은 요소에서 비롯된다.

코펜하겐의 행복은 거창한 것이 아닌 소박함에서 비롯된다. 개인적이고 사적인 시간을 보내거나 사랑하는 사람들과 어울리는 등 자유로운 방식으로 행복을 추구할 수 있는 것이 특징이다. 이러한 점에서 코펜하겐의 행복은 그 자유도가 높다. 이러한 개념은 '휘게'라는 한 단어로 표현할 수 있다. 이는 노르웨이의 고대 노르드어인 '휘가Hyggja'에서 유래했으며, '마음을 달래다'라는 의미를 지니고 있다.

'마음을 달래는 것'은 내면의 평온과 안정을 되찾는다는 뜻으로 우리는 대개 사치스러움보다는 소박한 일상에서 그러한 심리적 상태를 느낄 수 있다. 때문에 휘게를 추구하는 삶에서는 누구나 매일 행복을 발견하고, 자유롭게 누릴 수 있다. 『휘게 라이프, 편안하게 함께 따뜻하게The little book of Hygge』의 저자이자 코펜하겐에 있는 행복연구소의 CEO인 마이크 비킹Meik Wiking은 가족·친구와의 시간에서 비롯된 '매일의 소박한 행복'이 덴마크인의 삶을 더욱 의미 있게 만든다고 설명한다.[32] 덴마크에서 FC 미트윌란 축구팀의 선수로 활약 중인 조규성은 국내 한 예능 프로그램에 출연해 추운 겨울, 동료 가족의 집에 팀원들이 함께 모여 보드게임을 즐기며 일상의 소소한 즐거움을 만끽하는 모습을 보여주었다. 이 장면은 덴마크 사회가 추구하는 휘게 정신의 단적인 예다.

그렇다면 휘게 도시는 어떤 도시라고 정의할 수 있을까? 여기서 난 휘게 도시를 시민들이 도시 곳곳에서 소박한 행복을 자주, 그리고 자유롭게 누리도록 설계된 도시라고 말하고 싶다. 특히 '공적 공간의 개인화'는 이를 가능하게 하는 핵심 요소다. 이는 공공공간이라도 개인이나 사랑하는 사람들과 함께 자유롭고 온전한 사적 시간을 보낼 수 있도록 설계된 휘게 도시의 본질적 특징을 의미한다.

코펜하겐은 공적 공간의 개인화라는 지향점을 갖고 있으며, 이를 3가지 방식으로 도시공간에 구현한다. 익살스러운 공간을 통해 즐거움을 선사하고, 복잡한 도심 속에 내밀한 쉼터를 마련하며, 어울림의 공간을 제공한다는 게 그것이다. 이러한 공간적 특성은 코펜하겐은 시민들이 거창한 행복을 추구하기보다는 소박한 행복을 누릴 수 있도록 한다. 즉 행복 추구의 자유를 보장해 도심 어디서든 행복을 느낄 수 있게 한다. 그 덕분에 코펜하겐은 세계에서 가장 행복한 도시로 불린다.

즐거운 공간: 자유롭게 즐길 공간을 제공하는 도시

이 도시가 가진 특별함은 시민들이 언제든지 쉽게 접근하여 자유롭게 즐길 수 있는 공적 공간을 제공한다는 점이다. 코펜하겐은 값비싼 경험이나 화려한 시설에 의존하지 않고, 시민들이 일상에서 자연스럽게 즐거움을 누리도록 익살스럽고 창의적인 공간들을 조성하여 도시 곳곳에 활력을 불어넣는다. 이런 공간은 가족·친구와 함께 혹은 혼자서도 휴식과 놀이, 삶의 여유를 만끽할 수 있게끔 설계되었다.

1843년 설립되어 세계에서 3번째로 오래된 놀이공원으로 알려진 티볼리Tivoli는 도심 한가운데 있어 누구나 쉽게 접근할 수 있는 장소다. 티볼리는 설립 초기부터 입장료를 받았는데, 사람들은 아름다운 정원과 다채로운 오락거리를 즐기기 위해 기꺼이 비용을 지불했다. 공원 내 다양한 공간과 정원 산책, 일부 공연 관람 등은 기본 입장료만으로도 즐길 수 있었으며, 놀이기구 탑승이나 특별 공연 때만 추가 비용을 내면 됐다. 이러한 시스템은 지금도 유지되고 있다. 기본 입장료만으로도 다양한 즐길 거리를 충분히 제공한다는 한 점에서 티볼리는 시민들에게 사랑받는 공적 공간으로 자리 잡았다. '언제나 전과는 다르게'라는 슬로건 아래, 티볼리는 180년이 넘는 세월 동안 다채로운 즐거움을 선사해 왔다. 이를 통해 코펜하겐 시민들은 사랑하는 사람들과 소중한 시간을 보내며 특별한 추억을 쌓을 수 있었다.

또한, 트램펄린처럼 독특한 놀이 공간이 도시 거리에 설치되어 있어 시민들이 어린 시절로 돌아가 자유로움을 느낄 수 있게 한다. 이런 분위기는 어른들이 사회적 매너에 얽매이지 않고 바쁜 도시 생활에도 소소한 여유를 즐기게 한다. 아이와 어른, 또는 어른 간에 공유되는 익살스러운 경험은 소박한 행복을 증진시킨다. 도시 속 주차장 옥상에 조성된 놀이터, 파크'앤'플레이 Park 'n' Play와 같은 재미난 공간 역시 공공에서 마련한 공간으로 코펜하겐 시민들이 휘게의 가치를 체험할 수 있게 한다.

이처럼 이 도시는 일상에서 행복을 느낄 수 있는 공간을 확보하기 위해 다양한 노력을 기울이고 있다. 더불어 일반적인 형태에서 벗어난 창의적인 아이디어를 실현하여 일상에서도 위트와 재미를 잃지 않도록 한다. 즐거움을 자유롭게 누릴 수 있는 도시 환경은 시민들에게 여가 이상의 의미로 다가오며, 도시를 보다 행복한 곳으로 만들어주는 요소다.

거리 트램펄린
코펜하겐 도심 속 거리에는 트램펄린이 설치되어 있다.
아이뿐 아니라 어른도 복잡한 도심 속에서 소소한 여유와 행복을 즐긴다.

옥상 놀이터, 파크'앤'플레이
주차장 옥상에 조성된 넓게 열린 공간으로
아이와 어른 모두 일상 속 여유와 소소한 행복을 즐긴다.

사적인 공간: 복잡한 도시에서 개인적인 자유로움을 누리다

코펜하겐의 추운 날씨는 시민들이 사랑하는 사람들과 개인적이고 소박한 시간을 보내는 데 집중하는 문화를 만들어냈다. 이로 인해 시민들은 사적인 공간을 소중히 여기며 그곳을 정성껏 꾸미는 데 진심을 다한다. 특정 공간에 자신의 취향을 담는 행위는, 추운 날씨에도 행복을 포기할 수 없는 코펜하겐 시민들의 축적된 지혜다. 덴마크의 디자인 제품이 유명한 이유이자 내가 코펜하겐을 사랑하는 이유다.

이러한 맥락에서 정원은 코펜하겐 시민들에게 특별한 의미를 지닌다. 사랑하는 사람들과 시간을 보낼 수 있는 사적 공간인 정원을 가꾸는 일은 매일의 행복을 만드는 중요한 요소다. 이를 반영하듯 코펜하겐의 소품 가게들, 예를 들어 플라잉 타이거Flying Tiger와 소스트레네 그레네Søstrene Grenes에서는 누구나 사적인 공간을 손쉽게 꾸밀 수 있도록 다양한 가드닝 도구와 소품이 갖춰져 있다. 코펜하겐 사람들의 정원 가꾸기는 계절을 타지 않는다. 날씨가 좋을 때는 초록빛 녹음을, 추울 때는 조명과 모닥불을 정원 가꾸기에 활용한다. 정원은 그들만의 휘게 시간을 탄생시킨다.

정원에서의 휘게 시간을 향한 시민들의 애정은 도시설계에도 영향을 주었다. 오밀조밀한 건물들이 밀집한 도시 환경에서 블록 중앙에 정원을 배치하는 페리미터 블록Perimeter Block이 코펜하겐의 보편적 주거 형태로 자리 잡은 이유도 그 때문이다. 이 형태는 스웨덴·독일 등 여러 북유럽 나라의 도시에서도 찾아볼 수 있지만, 코펜하겐에서 특히 널리 사용된다.

페리미터 블록은 주로 19~20세기 초 코펜하겐 도심에 지어진 큰 규모의 건축물로 오랜 역사를 자랑한다. 거리에서 보면 거대한 건물이 밀도 높게 들어서 있는 것으로 보이지만, 조감도를 통해 보면 일반적으로 약 11m 혹은 더 얇은 두께의 건물들이 블록을 외벽처럼 감싸 그 중앙에는 공동을 조성하는 구조다. 블록 건설 시기별로 다른 디자인이 도시 경관에 다채로움을 부여한다.

페리미터 블록 중앙은 아이들이 뛰어놀거나 입주민들이 정원을 가꾸고 휴식을 취하는 곳이다. 복잡하고 밀집된 도시 속 블록 구성에 코펜하겐 시민 개인의 사적 공간에 대한 소망이 반영되고, 나아가 도시 전체 형태에도 영향을 미친 것이다.

코펜하겐 시민들의 정원 사랑은 여전히 이어지고 있으며, 새로 설계된 모던 블록 또한 페리미터 블록 디자인을 채택해 거주자들에게

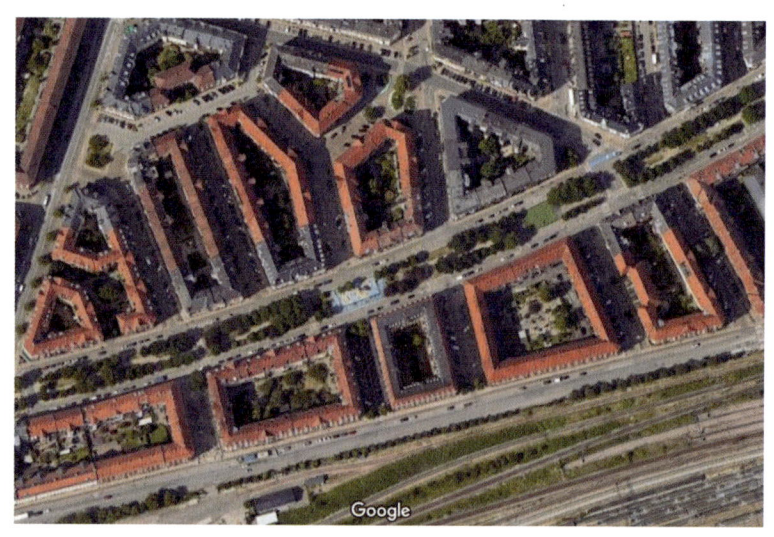

베스터브로 Vesterbro 지역 내 페리미터 블록

코펜하겐에서는 외곽을 건물로 감싸고 중앙을 비운 패리미터 블록의 형태를 쉽게 찾아볼 수 있다. 비워진 중앙 공간은 시민들이 사적인 시간을 누릴 수 있는 공간으로 활용된다.

아늑한 공간을 제공한다. 쉬덴하운Sydenhavn 지구에 위치한 슬루세홀멘Sluseholmen 지역은 페리미터 블록의 전통을 이어받은 대표적 사례다. 2000년대 초, 산업 지역이던 코펜하겐 남부 항구를 주거지역으로 탈바꿈시키기 위한 쉬덴하운 종합계획The Sydhavnen Masterplan의 일환으로 개발되었다. 또 다른 예로 시 외곽에 위치한 주거 건물, 8 하우스가 있다. 비야케 잉겔스 그룹BIG이 설계한 이 건물은 2009년 준공되었으며, 기존 페리미터 블록의 전통을 따르면서도 새로운 형태의 디자인을 선보인다. 코펜하겐 시민들의 정원 사랑에 부응하는 한편, 새로운 감각의 설계로 이 도시의 미래를 담아낸다.

쉬덴하운

새롭게 개발되는 지역에서도 블록 중앙에 주민들의 사적인 공간을 제공하는 페리미터 블록 형태를 반영해 주민들이 소소한 행복을 누릴 수 있도록 설계되고 있다.

8 하우스
기존 페리미터 블록의 형태를 현대적으로 재해석한 디자인의 조감도와 전경이다.
이 블록은 중앙에 주민들을 위한 공간을 포함할 뿐 아니라 강 전망도 확보하며
페리미터 블록의 새로운 가능성을 보여준다.

소박한 행복을 추구하는 덴마크의 휘게 문화는 단순한 개인 취미를 넘어 코펜하겐을 설계하고 발전시키는 철학으로 발전했다. 더 나아가 코펜하겐이 형성한 독특한 도시 정체성은 도시공간이 효율성을 넘어 시민 개개인의 자유와 행복을 보장해야 한다는 메시지를 던진다. 다른 한편으로는 복잡하고 빠르게 변화하는 현대 도시에서도 인간 중심의 따뜻한 공간을 설계할 수 있음을 보여준다.

7 휘게의 도시

사랑하는 사람들과 언제 어디서든 교류하다

북유럽의 도시, 코펜하겐이 365일 추울 것으로 생각하지만, 항상 냉기만 감도는 도시는 아니다. 뚜렷한 사계절을 지닌 도시로, 날씨가 좋을 땐 시민들이 야외 활동을 즐긴다. 코펜하겐의 다양한 어울림 공간은 시민들이 이러한 행복을 누릴 수 있도록 돕고 있으며, 이를 통해 코펜하겐은 '행복은 값비싼 대가를 치러야 하는 것이 아니라 사랑하는 사람들과 언제 어디서든 소박한 시간을 보낼 수 있어야 한다'라는 휘게 정신을 실천하고 있다.

많은 현대 도시가 효율성에만 초점을 맞추어 물리적·심리적으로 시민 간 단절을 초래해 왔다. 미국 디트로이트는 한때 자동차 산업의 중심지로 효율성과 산업화를 중시한 도시계획을 실행한 때가 있었다. 그 결과 자동차 중심의 대규모 도로망과 산업 시설이 도시 외곽 확장을 유도하고, 도심 공동화를 촉발했다. 또한, 도시 내 빈부 격차와 주거지 분리로 인해 사회적·공간적 단절이 심화했다. 다른 말로 물리적 환경이 사람 간의 직접적 상호작용뿐 아니라 심리적 교류까지 억제한 것이다. 이러한 단절은 인종·종교·세대 간 혐오와 범죄 증가로 이어지며, 사회적 고립에서 기인한 우울증과 자살 같은 심각한 악순환의 고리를 낳는다.

하지만 도시가 어울림을 위한 공간으로 설계된다면 시민들은 심리적 회복이 가능한 환경 속에서 살아갈 수 있다. 펜실베이니아 주립대학교 인구연구소의 연구원인 이나래 박사의 연구 결과에 따르면 사람들과 어울리며 소통하고 관계 맺을 수 있는 장소에서 사람들이 더욱 큰 행복을 느낀다고 한다.[33] 휘게 문화는 누구와 언제, 어떠한 방식

호이브로 플래스 Højbro Plads

코펜하겐 도심 광장은 시민들이 삼삼오오 모여 어울리며
사적인 시간을 자유롭게 누리도록 다양한 공간과 프로그램을 제공한다.

7 휘게의 도시

스트뢰에 거리

보행자 전용 도로인 스트뢰에 거리에서는 시민들이 자동차의 방해 없이
거리 공연을 관람하거나 놀이를 즐기며 다양한 활동을 한다. 시민들은
공적 공간에서도 개인적인 즐거움을 만끽하며 일상에서 행복을 느낀다.

으로 행복을 누릴 것인가에 대한 자유를 의미한다. 그런 면에서 코펜하겐은 시민들이 자유롭게 개인적인 시간을 즐기거나 사랑하는 사람들과 어울리며 사적인 시간을 보낼 수 있는 어울림의 공간을 갖춘 도시다.

스트뢰에Strøget 거리는 코펜하겐을 대표하는 어울림의 공간이다. 1962년 코펜하겐은 도시 구조를 자동차에서 보행자 중심으로 전환하는 프로젝트를 실행했다. 스트뢰에 거리를 보행자 전용 도로로 탈바꿈시킨 계기였다. 이 과정에서 덴마크 건축가 얀 겔의 연구는 보행자 중심 도시설계의 필요성을 강조하며, 스트뢰에 거리 변화에 중요한 이론적 토대를 제공했다. 오랫동안 세계에서 가장 긴 보행 도로 중 하나로 인정받아 온 이 거리는 시청에서 콘겐스 뉴트로브 광장Kongens Nytorv까지 이어지며, 총길이는 약 1.1km에 달한다.

양옆에는 다양한 상점·카페·레스토랑이 즐비하고, 거리 공연은 시민들이 자연스럽게 모여 어울리며 공적 공간의 개인화를 경험할 수 있는 기회를 제공한다. 시민들은 삼삼오오 모여 가족이나 친구들과 함께 거닐고, 연주자들의 음악을 감상하며 시간을 보낸다. 공공공간임에도 거리를 거니는 수많은 시민이 자발적으로 만들어내는 행복의 장면을 보며, 나는 코펜하겐이 진정한 휘게 문화를 구현하고 있음을 체감하였다. 이런 행복을 자유롭게 누리는 코펜하겐 시민들의 여유가 참 부러웠다.

어울림의 공간은 문화·종교·인종의 경계를 뛰어넘어 누구나 자유롭게 사랑하는 사람들이 모여들게 한다. 언제 어디서든 자유로운 행복을 누릴 수 있는, 진정한 휘게 문화를 실현하려는 시도다. 다른 예도 더러 있다. 국적과 관계없이 다양한 시민의 의견을 반영해 조성한 공공공간, 바로 뇌레브로Nørrebro 지역에 위치한 스프킬렌Superkilen Park 공원이다.

2012년 공식 개장한 스프킬렌 공원의 조성 이유는 난민과 지역주민 간의 화합을 촉진하는 것이었다. 이 일대는 오랜 기간 다양한 인종이 거주해 온 곳으로, 저소득층 주거가 밀집돼 있으며, 높은 범죄율로 악명 높은 지역이었다. 난제를 풀어내고 지역 부흥을 도모하기 위해 코펜하겐은 공원 개발 계획을 수립했다. 공원 설계에는 60여 개국 출신 주민들의 다양한 의견이 고스란히 반영되었다. 또한, 공원의 각 구성 요소는 문화적 통합이라는 목표를 명확히 드러낸다. 공원에서

7 휘게의 도시

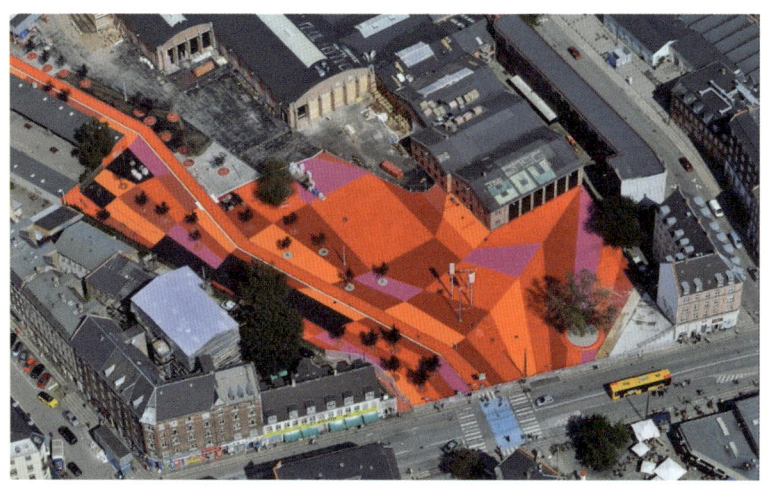

스프킬렌 공원
다양성을 대표하는 공원으로 다양한 문화·종교·인종을
아우르는 진정한 어울림의 공간을 실현한다.

꾸준히 진행하는 예술 프로젝트와 전시 역시 이러한 구성 요소 중 하나로 다양한 배경을 지닌 사람들이 '집'이라는 느낌을 받도록 각기 다른 문화와 개성을 표현한 예술작품들을 주요 조형 요소로 채택했다. 모로코에서 온 분수, 이라크의 전통 그네, 브라질의 벤치, 일본의 검은 문어 모양 미끄럼틀 등 수십여 개국에서 온 작품이 어우러져 있다.

개발 과정과 다양한 장치 덕에 스프킬렌 공원은 여러 국적의 시민이 함께 스포츠를 즐기고 휴식을 취할 수 있는 공간으로 자리 잡았다. 이렇게 이 공간은 휘게 도시의 본질인 '공적 공간에서의 개인적 행복'을 누구나 자유롭게 누릴 수 있음을 보여주고 있다.

코펜하겐은 어울림 공간으로 사람들의 물리적 만남은 물론, 사회

스프킬렌 공원의 벽화

공원 내에는 다양한 국가의 미술 작품이 전시되어 있다.
이러한 문화적 통합을 통해 공원은 국적과 관계없이 누구나 편안하게 시간을 보낸다.

스프킬렌 공원을 이용하는 사람들

다양성을 상징하는 공원인 만큼 다양한 인종의 시민들이 자유롭게 이용한다.

적 연결과 소통을 촉진하며 모두가 소속감을 느낄 수 있는 도시를 만들어 가고 있다. 스트뢰에 거리와 스프킬렌 공원은 이러한 정신을 대표하는 사례로 코펜하겐 시민들의 휘게 문화와 도시설계를 결합해 구현한 결과물이다. 이러한 공간들은 도시가 효율성만을 추구하기보다는 인간 중심의 가치와 행복을 우선해야 함을 강조한다.

자유로운 행복에서 비롯되는 휘게 도시

코펜하겐은 자유로움에서 비롯되는 휘게 문화를 도시에 깊게 스며들게 하여, 시민들이 매일 마주하는 삶의 소소한 순간에서도 행복을 느낄 수 있도록 했다. 이는 행복을 추구하는 인간의 본성을 최우선으로 삼고 도시 구조에 녹여낸 결과다. 도시 내에서 즐거움을 추구하고 개인적인 행복을 추구할 수 있는 자유, 사랑하는 사람들과 어울릴 수 있는 기회의 제공이 가능한 도시 환경은 코펜하겐의 큰 자산이다.

경제적 불안정·취업난·사회적 격차 등으로 최근 한국 사회 전반에 불안과 우울이 확산하고 있다. 이러한 현실을 반영하듯 '헬조선'이나 '수저계급론'과 같이 한국 사회의 우울과 불안을 풍자하는 신조어가 나타난다. 많은 이가 다른 사람들과 비교하며 행복을 막연히 어렵고 값비싼 것으로 여기기 때문인지도 모른다. 넓은 집에 살고, 고급 식재료로 만든 요리를 먹으며, 값비싼 것을 소비하는 것이 행복의 실현이라고 생각하는 사회적 통념이 존재하며, 이는 시민들이 각자의 방식으로 행복을 자유로이 추구하지 못하게 한다.

한국의 여러 도시공간에서 이러한 통념이 여실히 드러난다. 주거 공간의 격차와 과시적 소비 문화는 특정 주거 단지를 소득 격차와 계층 간 위계를 나타내는 상징으로 만들며, 이는 사회적 지위와 부를 과시하려는 욕구와 연결된다. 결국 행복의 전제 조건으로 특정한 외형적 요소를 갖춰야 한다는 압박감을 형성한다. 우리 도시들은 지나친 효율화와 물리적 연결로 공적 공간 내 사적 공간의 부재를 부추기며, 그로 인해 시민들이 심리적 안정감을 느낄 수 있는 공간은 점점 줄어들고 있다. 특히 단순한 휴식이나 소박한 즐거움을 제공하는 공간보다 경쟁과 긴장을 유발하는 환경이 근래에 더 많이 조성되었다. 이와 같은 현실이 일상에서 소박한 행복을 누리기보다 과시적 행복을 추구하게 만들어, 결국 허탈감을 더욱 크게 느끼게 하는 요인이 되고 있을지 모른다.

코펜하겐의 휘게 문화와 이를 구현하는 도시설계 방식은 도시와 사람의 관계를 재정의하는 중요한 실험이다. 천정부지로 치솟는 집값과 과도한 학군 경쟁 등 개인에게 행복을 제공하기보다 경쟁과 긴장을 조성하는 지금 한국의 상황에 한 줄기 희망의 끈이 될 수 있지 않을까? 이제 한국의 도시도 경쟁을 넘어 시민 개개인의 행복을 고려한 공간 창출로 나아가야 할 시점이다.

도시는 인간이 즐거움을 찾고, 서로 연결되며, 행복을 누릴 수 있는 자유로운 터전이 되어야 한다. 도시의 공적 공간이 효율성을 위한 기능적 요소에 머무르는 것이 아니라 시민들이 정서적으로 연결되고, 자율적으로 행복을 느낄 수 있는 환경으로 재편되어야 한다. 행복은 멀리 있지 않다. 우리가 사는 도시와 공간 속에 이미 존재한다. 코펜하겐은 이를 증명하고 있다. 코펜하겐은 도시와 인간의 관계를 재정의하며, 다른 도시가 나아갈 방향을 제시한다.

8
공적 공간의 공유화
복지 국가의 운하 사용법

코펜하겐이라는 이름은 '상인의 항구'를 의미한다. 그럴 정도로 이 도시에 있어 항구는 특별한 존재다. 공적 공간인 항구를 모든 시민이 공유하는 장소로 재탄생시킨 행보는 '우리는 모두 평등하다'라는 철학을 바탕으로 한 '얀테의 법칙'을 실천하려는 강한 의지를 보여준다. 코펜하겐은 여가·주거·교통 공간을 아우르는 방식으로 항구를 변모시키고 있으며, 유럽에서 유일하게 항구를 산업 공간이자 시민을 위한 공간으로 조성해 나가는 도시다.

'모두를 위함', 복지 제도의 철학이 스며든 도시

도시는 사람들의 삶이 교차하는 공간이다. 하지만 이 공간이 모두에게 공평하게 열려 있는가를 묻는다면 대답은 그리 간단하지 않다. 대부분의 도시에서는 특정 계층이나 소수 집단만이 주요 혜택을 누리는 현실이 존재하기 때문이다. 서울의 대규모 아파트 단지들은 핵심 입지를 차지하며, 주거가 상대적으로 소수의 고소득층 중심으로 재편되고 있다. 뉴욕의 맨해튼 역시 일자리와 상업 시설이 밀집해 있음에도, 높은 임대료로 인해 중산층과 저소득층의 주거 접근성이 제한되는 현상이 나타나고 있다. 이러한 공간 불평등은 개발도상국에서도 포착된다. 인도 뭄바이와 케냐 나이로비의 일부 고급 주거 지역은 경제적 격차로 인해 저소득층 주민의 접근이 차단되고 있다. 이처럼 도시공간이 특정 계층에게만 혜택을 집중시키는 구조는 사회적·경제적 소외를 심화시키며, 도시의 공공성·형평성을 위협한다.

그렇다면 진정으로 '모두를 위한 도시'란 어떤 모습이어야 할까? 이 질문은 현대 도시설계가 풀어야 하는 과제 중 하나다. 코펜하겐은 이 질문에 대해 평등의 가치를 도시설계에 깊이 반영함으로써 그 해답을 제시하고 있다. 산업용 항구 시설을 시민을 위한 공간으로 탈바꿈한 코펜하겐의 변화는 사회적 가치 실현의 중요한 사례다. 그 핵심 철학은 스칸디나비아 특유의 사회적 관습인 '얀테의 법칙'에 뿌리를 두고 있다. '얀테의 법칙'은 평등주의 문화를 생활 규범으로 체화한 것으로 10가지 규칙으로 이루어져 있다. 그 핵심은 간단하다. '당신 스스로를 남들보다 더 뛰어나거나 특별하다고 생각하지 마라. 또한, 누군가를 당신보다 더 뛰어나거나 특별하다고 생각하지도 마라'라는 문

코펜하겐의 로고

'상인의 항구'라는 뜻을 가진 코펜하겐의 로고에는 항구 도시로서의 정체성을 상징하는 성·바다·배·물결과 같은 요소가 담겨 있다. 이는 도시의 전통과 정신을 이어가는 역할을 한다.

장은 '우리는 모두 평등하다'는 철학을 기반으로 하며, 스칸디나비아 사회 전반에 깊은 영향을 미치고 있다.

이러한 사회적 가치관은 시민들의 생활 전반에 스며들어 있다. 덴마크 복지 제도는 특정 계층이 아닌 모든 사람에게 동등한 기회를 제공하는 '보편적 복지'를 구현한다. 또한, 덴마크는 1987년 세계 최초로 동성 결혼을 합법화했으며, 2014년에는 의학적 승인 없이도 성별을 법적으로 변경할 수 있는 제도를 도입함으로써 평등과 포용의 가치를 적극적으로 실천하고 있다.

코펜하겐은 이러한 사회적 철학을 도시설계에 반영하여 '모두를 위한 공간'을 구현하고 있다. 특히 이 도시는 과거 산업 중심지였던 항구 지역을, 시민을 위한 공간으로 재탄생했다. 대표적으로 북부의 노드하운Nordhavn 지역은 지속가능성과 스마트 도시설계를 결합한 복합 개발 사례로 주거·산업·공원·수상 여가 활동이 조화를 이루는 공간

노드하운

2008년부터 산업 항구를, 시민을 위한 공간으로 변화시키고 있는 노드하운의 모습이다. 기존에 산업 기능만 존재하던 곳이 주거지·상업·비즈니스·학교 등을 포함한 복합 용도로 전환되며, 모두를 위한 더욱 활기찬 도시공간으로 거듭나고 있다.

으로 변모했다. 이외에도 쉴하운Sydhavnen·크리스티안하운Christianshavn·베스터보Vesterbro·하브네홀멘Havneholmen·아슬란스 브뤼게Islands Brygge 등 10곳 이상의 항구 지역이 재개발되어 모든 시민이 접근할 수 있는 공간으로 바뀌고 있다. 코펜하겐의 항구 재개발은 산업과 시민 공간이 조화롭게 공존하는 사례로, 이를 통해 경제적·사회적 균형을 유지하면서도 지속가능한 도시공간을 만들어내고 있다.

덴마크어로 '상인의 항구'라는 뜻을 가진 '쾨프마네하픈Køpmannæhafn'이라는 이름처럼 코펜하겐은 항구 도시로서의 오랜 역사를 자랑한다. 항구를 모든 이에게 개방한다는 것은 곧 코펜하겐이 진정한 의미의 '모두를 위한 도시'로 자리매김하고 있음을 의미한다. 도시의 핵심 정체성인 항구를 기반으로, 코펜하겐은 오늘날 자신들이 가야 할 방향으로 한 걸음씩 꾸준히 나아가고 있다.

모두를 위한 여가 공간: 산업 항구에서 시민 공간으로

코펜하겐은 2000년대를 기점으로 기존 항만이나 공업 지역으로 활용되던 운하 일대를 활발히 개발하며, 항구의 수역까지 변화시켰다. 항구 재개발은 모든 시민이 자유롭게 참여할 수 있는 다양한 활동을 제공하고, 수변 접근성을 개선하며, 물가 주변의 공공공간을 확대하는 것을 골자로 한다. 이를 위해 코펜하겐은 항구를 더욱 깨끗하고 친근한 공간으로 조성하고자 했다. 한 예로 2002년부터 현대화된 하수도 시스템을 구축하여 항구 수질을 깨끗하게 유지하는 데 주력해 왔다. 수질 개선을 통해 시민들이 수영이나 낚시를 즐길 수 있는 공간으로 재탄생시킴으로써, 건강한 여가를 제안하고 삶의 질을 높일 기회를 제공하는 것이다. 한때 방치되었던 항구 주변 지역은 이러한 노력들을 통해 건강하고 매력적인 장소로 변모하며 방문객의 발길이 끊이지 않는다.

특히 주목할 만한 점은 대부분의 항구 지역을 기존 산업 기능을 유지하면서도 시민을 위한 공간으로 재구성했다는 것이다. 많은 도시가 환경 문제와 제4차 산업 전환에 대응하기 위해 기존 산업을 도시 외곽으로 이전하거나 축소하는 방식을 취하는데, 코펜하겐은 환경적인 측면을 최대한 고려하며 산업과 시민 공간이 조화롭게 공존하는 재개발을 택했다. 예를 들어 레프샬뢰엔Refshaleøen 지역의 조선소는 예술과 문화를 담은 현대적인 공간으로 재탄생했다. 그럼에도 일부 산업 기능도 유지하고 있다. 쉴하운은 전통적인 항만·공업 지대였지만, 최근에는 주거 및 여가 중심지로 재편되고 있으며, 인접 지역에는 여전히 물류 및 에너지 관련 산업 시설이 일부 남아 있다.[34] 또한, 앞서

산업 항구에서의 수영

산업 항구 중 하나인 노드하운에서 시민이 수영을 즐기고 있다.
코펜하겐은 운하의 수질을 개선해 산업 지역에서도 물놀이가 가능하도록 만들었다.
이는 공공공간을 확장하고, 시민들에게 더욱 다양하고 건강한 여가 공간을 제공한다.

언급한 노드하운 지역은 기존 항만 물류 기능을 일정 부분 유지하면서 지속가능한 도시 개발이 활발히 이뤄지고 있는 대표적인 사례다. 이처럼 코펜하겐은 항구 재개발을 통해 항구에 자리했던 일부 산업들, 이를테면 조선업 등은 외곽으로 이전하는 한편, 항구 고유의 역사적 맥락과 산업적 유산은 보존하며 새로운 도시 정체성을 만들어 가고 있다.

코펜하겐의 항구 재개발 사업은 공간 정비를 넘어 시민들이 즐길 수 있는 건강하고 매력적인 장소를 조성하는 일에 중점을 두었다. 항구 지역에는 10개의 지정 수역과 2개의 도시 해변이 마련되어 있다.

아슬란스 브뤼게 하버 배스Havnebadet Islands Brygge · 슬루세홀멘 하버 배스 Havnebadet Sluseholmen · 하우비겐 하버 배스Havnevigen Harbour Bath · 아말리엔 스트란드파크 해변Amager Strandpark 등은 시민들이 도심에서 자연을 즐길 수 있는 특별한 장소다.

이 공간들은 산업 항구에서 시민의 여가 공간으로 전환된 상징적 장소로 수영·카약·조정 등 다양한 활동이 가능하다. 수질 개선 프로젝트와 현대화된 하수도 시스템 구축을 통해 깨끗해진 항구 수역을 기반으로 조성된 이곳들은, 코펜하겐을 유럽에서 유일하게 산업 항구에

아슬란스 브뤼게의 하버 배스
코펜하겐 시민들이 수영이나 다이빙을 하며 수변 여가 공간을 자유롭게 즐기고 있다.

하우비젠 하버 배스

아슬란스 브뤼게 남쪽에 있는 하우비젠 하버 배스의 모습이다. 시민들이 수영을 즐기는 모습 뒤로 산업용 굴뚝이 자리 잡고 있어, 코펜하겐의 독특한 도시 풍경을 더 돋보이게 한다.

서 수영과 낚시를 즐길 수 있는 도시로 만들었다. 이러한 변화를 통해 코펜하겐은 더 독창적이고 독보적인 항구 도시로서의 정체성을 확립했으며, 이는 지속가능하고 포용적인 도시 모델로 손꼽힐 수 있다.

 그중 남동부에 있는 아슬란스 브뤼게에 위치한 하버 배스는 일반적인 수영장이 아니라 시민들이 물과 자연을 가까이에서 경험할 수 있도록 설계된 곳이다. 연평균 약 30만 명이 방문하는 이 공간은 세계적 건축사무소인 비야케 잉겔스 그룹과 JDS가 설계했으며, 기존 항구 요소를 현대적으로 재해석하며 건조 독·부두·절벽과 같은 구조를 독특하게 결합했다. 테라스 형태로 설계된 이곳은 도시와 수변을 자연스럽게 연결하여 도심 속에서도 시민들이 자유롭게 여유를 즐길 수 있는 환경을 제공한다. 공공공간을 수변 지역까지 확장하여 시민들에게 개방하는 하버 배스는, 코펜하겐의 모두를 위한 도시공간 조성 철학을 상징적으로 보여주는 사례다.

과거 산업 자원을 현대 삶과 조화롭게 융합한 코펜하겐은 환경 복원을 넘어 시민들의 건강과 삶의 질을 모두 충족시키는 혁신적인 도시 모델을 제시한다. 이는 지속가능성과 포용성을 중심으로 한 도시 개발이 어떻게 실현될 수 있는지를 보여주는 모범 사례다. 또한, 코펜하겐은 항구 도시로서의 정체성을 굳건히 하며, 공적 공간을 모든 이를 위한 공간으로 변모시켜 복지 국가의 수도로서의 위상과 입지를 더 강화하고 있다.

모두를 위한 주거: 수역(水域) 공간의 새로운 가능성

많은 대도시는 인구 밀집으로 인한 주거난과 집값 상승 문제로 시름한다. 학업과 일자리 문제로 상경한 이들이 높은 주거비에 허덕이는 현실은 매년 뉴스에서 반복적으로 다루는 주제다. 국제적으로도 홍콩의 극도로 협소한 주거 공간이 조명되며, 인구 과밀로 악화한 주거 환경이 세계적 문제로 대두되고 있다.

덴마크 인구의 절반 이상이 거주하는 코펜하겐도 심각한 주거난을 겪었다. 덴마크 정부는 보편적 주거 복지의 목적으로 알멘 볼리그Almen Bolig, 즉 사회주택을 제공하여 문제 해결을 모색해 왔다. 커먼 하우징Common Housing으로 번역될 수 있는 덴마크의 사회주택은 모든 시민을 대상으로 하며, 이를 통해 주거의 평등을 실현하고 주거 문제를 완화시키고 있다. 그러나 2000년대 이후 인구 증가와 수요 급증으로 입주에 몇 년 이상의 대기 기간이 필요해지면서, 더 이상 사회주택만으로 주거난을 해결할 수 없는 상황이 되었다.

이와 관련해 코펜하겐은 항구 재개발을 통한 새로운 해법을 제시했다. 2016년, 그 대표 사례인 수변 공간을 활용한 학생 기숙사 어반 리거Urban Rigger가 조성되었다. 세계적인 건축 스튜디오 비야케 잉겔스 그룹이 설계한 이 기숙사는 재활용된 9개의 컨테이너를 대지가 아닌 물 위에 띄우는 방식으로 조성되었다. 과거 산업 부지였던 레프하레우엔Refshaleøen 인근 항구에 자리한다.

어반 리거는 에너지 소비를 최소화하여 유지비를 낮추고, 학생들에게 저렴한 주거를 제공한다. 각 유닛은 학생들이 필요로 하는 생활공간·공동 시설·자연채광 등을 고려해 설계되었으며, 에너지 효율적

8 공적 공간의 공유화

어반 리거
깨끗해진 코펜하겐 수변에 지어진 학생 전용 아파트는 학생들에게 저렴한 주거 옵션을 제공한다. 또한, 인구 밀도가 높은 도시에서 주거난을 해소할 수 있는 대안이 될 수 있다.

인 시스템을 통해 지속가능성을 극대화했다. 특히 항구라는 기존에는 주목하지 않았던 새로운 지역을 주거 대안으로 활용해 부족한 대지를 대체하는 혁신적인 해결책이다. 이는 수역으로의 주거지 확장을 통해 현대 도시가 직면한 주거난 해결이라는 창의적인 접근이며, 더 많은 사람이 도시공간에 거주할 기회를 제공하는 선도적인 사례다.

모두를 위한 교통 공간: 사람 중심 교통수단의 길이 된 운하

한 걸음 더 나아가 항구 지역 재개발은 사람 중심의 교통 공간을 조성함으로써 운하와 수변에 대한 시민들의 물리적·심리적 접근성을 높이고 있다. 과거 산업 활동으로 단절되고 접근이 어려웠던 수변 지역은 이제 누구에게나 열린 공간으로 변모하고 있다.

이러한 변화는 시민들에게 수변을 따라 자연을 즐기고, 여가를 누리며, 일상 공간에서 편안한 시간을 보낼 수 있는 확장된 기회를 제공한다. 더불어 도심에서 수변과 조화를 이루는 지속가능한 도시 환경을 조성하며, 코펜하겐이 '모두를 위한 공간'을 실현하는 대표적인 도시로 자리 잡는 데 기여하고 있다.

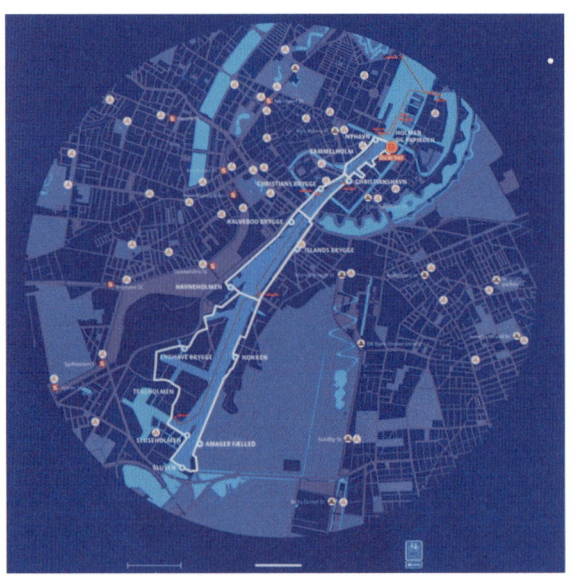

하버 서클

코펜하겐 도심의 수변을 연결하는 '더 하버 서클'의 지도상 모습이다.
도심 속 수변을 따라 보행로와 자전거 도로를 조성해 접근성이
좋아진 덕분에 시민들은 더 확장된 도시공간을 경험할 수 있다.

그 중심에는 하버 서클The Harbour Circle이라는 도심과 수변을 연결하는 자전거 도로 프로젝트가 있다. 약 13km에 달하는 이 자전거 도로는 항구 주변 주거지·문화 시설·공원·역사적 랜드마크 등을 통과하며, 시민들에게 자연과 도시를 동시에 경험할 기회를 선물한다. 또한, 문화와 역사를 체험하는 열린 도시공간으로 기능한다.

특히 하버 서클을 따라 다양한 명소가 자리한다. 동화 작가 한스 크리스티안 안데르센Hans Christian Andersen이 거주했던 곳으로 유명한 니하운Nyhavn, 종종 공연 및 예술 이벤트가 열리는 보헤미안 분위기의 마을인 프리타운 크리스티아니아Freetown Christiania, 그리고 내부 전시 공간과 공연장에서 다양한 문화 행사를 즐길 수 있는 왕립 도서관의 현대적인 확장 건물인 블랙 다이아몬드The Balck Diamond 등이 하버 서클을 따라 위치한다.

다양한 디자인의 교량과 도로는 하버 서클의 연결성과 완성도를 높이는 중요한 요소다. 리레 랑게브로Lille Langebro 자전거 다리는 크리스티안하운의 역사적 항구 지역과 도심을 연결하며, 선박 통행도 가능한 개폐식 구조로 설계되어 운하의 기능을 유지하면서도 접근성도 향상시킨다.

또한, 서클 브리지Circle Bridge는 항구 지역만이 지닌 해양사를 상징하는 독창적인 디자인이 인상적이다. 보행자와 자전거 이용자들은 이곳을 지날 때면 잠시 멈춰서 주변 경관을 감상한다. 자전거 이용자만을 위해 설계된 더 바이시클 스네이크The Bicycle Snake는 부드러운 곡선형 고가도로로 건강·환경·심미성을 중시하는 코펜하겐의 도시 철학을 상징적으로 보여준다.

리레 랑게브로

더 하버 서클의 일부인 자전거 도로 리레 랑게브로의 모습이다. 대형 선박이 지나갈 때 중앙이 갈라져 통행할 수 있게 설계되었다. 운하의 기능을 유지하면서도 시민들의 접근성을 높인다.

서클 브리지

코펜하겐 도심에 아름다움을 더하는 자전거 도로로, 선박 형태에서 영감받은 디자인이다. 도시 경관과 조화를 이루면서도 기능적으로는 효율적인 동선을 제공한다.

더 바이시클 스네이크

코펜하겐 수변 지역을 가로지르는 주황색 곡선형 자전거 고가도로는 뱀의 형태를 띤다. 오직 자전거 이용자만을 위한 공간으로, 자동차 없이도 시민들이 쉽게 수변 공간에 접근할 수 있도록 설계되었다.

8 공적 공간의 공유화

　코펜하겐의 하버 서클 프로젝트는 자동차 중심 교통에서 벗어나 보행자와 자전거 이용자들의 접근성을 높이며 누구나 쉽게 수변 공간을 이용할 수 있도록 변화시켰다. 훌륭한 수변 공간을 갖췄다 한들 접근에 제약이 있다면 모두를 위한 공간이 될 수 없다. 코펜하겐은 이러한 원칙을 바탕으로 문화적으로도, 시민 보건으로도 건강한 수변 공간을 조성해 진정한 의미의 '모두를 위한 공간'을 실현하고 있다.

행복한 나라의 '모두를 위한 도시'

코펜하겐의 항구와 수변 공간 재개발 사업들은 '모두를 위한 도시'라는 비전 아래 모두에게 열린 공간을 실현했다. 서울은 이 사례에서 많은 점을 배울 수 있다. 한강이라는 훌륭한 수자원을 보유하고 있음에도, 강변도로와 조망권을 독점한 고급 주거 단지들이 모두의 접근성을 저해한다. 시 차원에서 한강공원을 조성하는 등의 노력이 이루어지고 있지만, 한강은 모두에게 평등하게 열린 공간이라 보기 어렵다. 지역 간 연결성과 환경 조성의 격차가 장벽으로 작용하고 있다.

무엇보다 재개발 과정에서 발생하는 공간적 불평등과 사회적 갈등은 특정 계층에게만 유리한 도시 환경을 조성해 온 개발 우선주의의 현주소다. 이는 과거 올림픽을 준비하며 빈곤 문제를 외면하려 했던 사례나 재개발 과정에서 수많은 이가 희생된 '용산 참사'에서 분명하게 드러난다. 한국의 도시가 진정으로 모든 시민을 위하는 도시로 변화하기 위해서는 단순한 개발을 넘어 공공성과 포용성을 중시에 둔 도시계획이 필요하다.

반면, 코펜하겐은 크리스티아나Christiana와 같이 자율성을 존중하는 공간도 포용하고 있다. 1971년 정부가 과거 군사 기지였던 이곳의 자치권을 인정한 후, 지역 커뮤니티는 주거권을 보장받으며 독특한 형태의 자율적 도시 공동체로 발전했다. 이는 경제적 이익에 매몰된 개발 중심의 개발보다 인간 중심의 가치를 우선시하며, 모두를 위한 도시를 구현하려는 코펜하겐의 철학을 상징적으로 보여준다. 공간의 가치가 특정 계층이 아닌 모두에게 공유될 때, 도시는 지속가능하고 조화롭게 발전할 수 있음을 시사한다.

8 공적 공간의 공유화

서울과 같은 대도시는, 코펜하겐의 '모두를 위한 도시' 철학에서 배울 점이 많다. 모든 시민이 도시 자원을 평등하게 누리는 지속가능하고 건강한 도시 환경을 조성할 수 있다면, 이는 사회 전반의 긍정적 변화를 이끄는 계기가 될 것이다. 도시 안에서 누구나 행복을 누릴 수 있는 미래를 위해 코펜하겐은 오늘날 우리가 주목해야 할 여러 중요한 영감의 원천이 되어야 한다.

9
기후 대응 도시설계

코펜하겐의 대담한 해답

지구상 어느 도시도 기후 문제에서 자유롭지 않다.
'세계에서 가장 친환경적인 도시'인 코펜하겐은 기후 위기에
대응하는 대담한 도시설계로 지속가능한 미래를 위한
새로운 기준을 만들어 가고 있다. 현재의 피해에 대응하고,
미래 세대의 피해를 예방하기 위한 노력이다. 친환경 이동
수단을 장려하고, 100% 친환경 에너지 사용을 목표로 한다.

친환경적인 도시가 기후 변화에 대응하는 방법

기후 변화는 더 이상 학문적 논의로 머무르지 않는다. 우리 삶에 깊숙이 스며 일상을 위협하는 현실로 다가오고 있다. 세계 곳곳에서 발생하는 이상 기후와 재난은 이제 낯설지 않다. 그 어느 때보다 급변하는 환경 속에서 도시는 생존 전략을 모색해야 한다. 2019년, 유엔 기후행동 정상회의에서 한 소녀의 외침이 전 세계에 울려 퍼졌다.

"당신은 미래 세대들을 생각해 본 적이 있는가?"

스웨덴의 16세 환경운동가 그레타 툰베리Greta Thunberg가 던진 이 질문은 현대 도시들이 직면한 냉혹한 현실을 적나라하게 드러냈다.

우리가 사는 도시는 이미 기후 변화로 인한 피해를 겪고 있다. 인도네시아는 해수면 상승으로 인해 보르네오섬으로 수도를 이전하는 계획을 세우고 있으며, 2019년 유럽은 폭염으로 1,500명이 넘는 사망자가 발생했다. 미국 플로리다에서는 폭우와 해일로 인한 인명과 재산상 피해가 이어졌고, 캐나다와 호주는 대형 산불로 인해 동식물과 인간의 생명이 위협받고 있다. 이러한 기후 관련 문제는 특정 지역의 문제가 아닌 전 세계 공통의 과제가 되었다. 더 나아가 기후 재난은 기후 이동 및 기후 젠트리피케이션Climate Gentrification 현상 역시 유발하며, 도시의 경쟁력과 사회경제적인 부분에도 큰 영향을 미치고 있다.

전 세계 많은 도시는 2015년 유엔 기후 변화 회의에서 채택된 파리 협정에 따라 온실가스 감축과 탄소 중립을 목표로 다양한 정책을 추진하고 있다. 이 문제를 해결하지 않는다면 인류의 미래는 더 이상 보장되지 않는다. 기후 변화에 대응하는 친환경적인 도시는 이제 선택이 아니다. 단순한 환경 보호를 넘어 미래 세대에게 지속가능한 삶을 물려주기 위한 핵심 전략이다. 직면한 현실로 도시 경쟁력과 지속가능성을 동시에 확보하는 혁신적인 접근이 절실히 요구되고 있다.

이러한 흐름 속에서 가장 앞서 나가고 있는 도시는 바로 코펜하겐이다. 이미 세계에서 가장 환경적인 도시라는 타이틀을 가지고 있을 만큼 환경 보전에 앞장서고 있다. 세계 최초의 탄소 중립 수도를 목표로 코펜하겐은 2012년 'CPH 2025 기후계획'을 수립하고, 에너지 소비 절감·재생에너지 전환·친환경 교통수단 확대 등 도시 전반에 걸친 기후 대응 전략을 실행해 왔다. 2017년 기준, CO_2 배출량은 2005년 대비 목표였던 20%를 크게 웃도는 수준인 약 38%까지 감축되었지만, 2025년 현재 당초 목표였던 완전한 탄소 중립 달성에는 미치지 못할 것으로 평가된다. 그럼에도 코펜하겐은 지속가능한 도시 운영을 위한 대담한 정책들을 지속적으로 확대하며, 기후 위기 대응에 있어서는 선도적인 도시다.

그렇다면 도시는 과연 기후 변화에 대응하기 위해 어떻게 해야 할까? 지속가능성과 삶의 질을 모두 아우르는 새로운 패러다임이 필요한 지금, 코펜하겐의 도전은 전 세계 도시에 강력한 메시지를 전하고 있다. 친환경적인 정책은 앞으로 태어날 세대에게는 당연한 일상이 될 것이다. 미래 도시의 모습을 상상해 보려면 친환경 도시의 새로운 기준을 만들어 가고 있는 세계에서 가장 친환경적이고 지속가능한 도시 코펜하겐에 주목해야 한다.

친환경 이동 수단: 우린 자동차에 도시를 내주지 않아

친환경 도시로서 코펜하겐의 주축은 친환경적인 교통수단이다. 그 교통수단의 실효성을 지원한 계획은 대도시권 계획인 핑거플랜Finger Plan이다. 핑거플랜은 도시 개발과 환경 보전 사이의 균형 유지를 위한 선구적인 도시설계 방안이었다. 1947년 처음 도입된 이 계획은 도심과 외곽을 철도와 자전거 도로로 연결하며, 도시 팽창으로 인한 환경 파괴를 최소화하는 데 중점을 두었다. 철도를 중심으로 한 대중교통 개발Transit-Oriented Development, TOD 방식은 주거지·상업지구·공공시설을 효율적으로 배치하여 시민들이 자가용 대신 대중교통을 선택하도록 유도한다.

코펜하겐은 탄소 중립 수도로 나아가기 위해 핑거플랜을 지속적으로 보완해 나갔다. 핑거플랜의 교통 체계를 따라 대규모 자전거 도

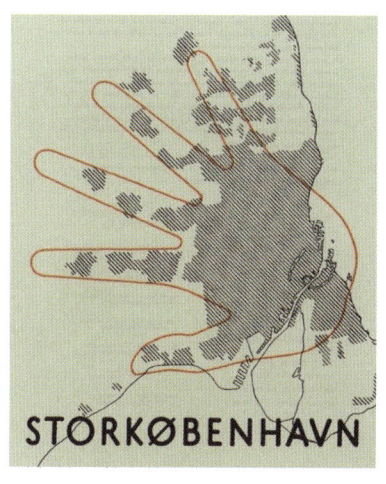 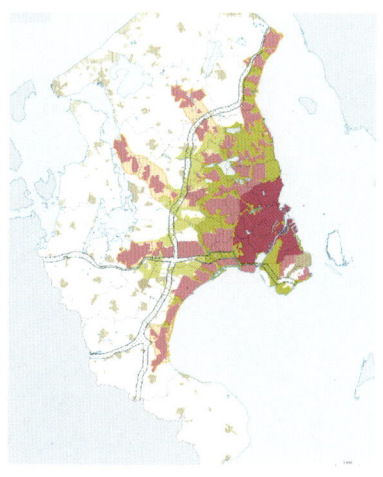

핑거플랜(1947) 원본과 해당 계획에 따라 확장된 주거 지역 분포(2007)
코펜하겐의 대도시권 계획안은 손을 펼친 형태와 유사한 구조로 설계되었다.
이를 통해 도시 개발을 체계적으로 계획하고, 무분별한 확장을 방지하며, 대도시권 내
대중교통 축과 주거 지역의 공간적 분포를 확립하는 데 중요 역할을 했다.

사이클 슈퍼하이웨이 연결망

자전거 고속도로가 코펜하겐 광역권으로 뻗어 있다. 코펜하겐에서는
자전거로 도심 이동은 물론 도시 간 이동까지 할 수 있다.

더 바이시클 스네이크

자전거 고속도로 중 하나인 더 바이시클 스네이크의 모습이다.
이 도로는 더욱 안전하고 편리한 자전거 이용을 위해 설계되었다.

로망을 구축하거나 전기 버스·철도와 같은 친환경 대중교통을 투입하고, 전기 자전거나 스쿠터와 같은 공유 모빌리티도 보급하고 있다. 핑거플랜이 도심과 교외 그리고 이 둘을 연결하는 교통수단의 환경 친화적 변화에 큰 역할을 한 것이다.

특히 핑거플랜을 기반으로 구축한 자전거 고속도로인 사이클 슈퍼하이웨이Cycle Superhighways는 대중교통과 자전거 이용을 긴밀히 연계하여 교통 체증·대기오염·소음을 줄이는 데 크게 기여하고 있다. 현재까지 총 850km, 60개 이상의 경로가 조성되었다. 자전거 이용률은 평균 23% 증가했으며, 건강 개선과 병가 감소 등 사회경제적 효과도 나타났다. 외곽으로 뻗은 자전거 도로뿐만 아니라 도심 자전거 도로도 체계적으로 구축되어 있어, 시민 대부분이 교통수단으로 자전거를 애용한다. 이러한 문화 덕분에 코펜하겐은 '자전거의 도시'라는 타이틀을 얻었다.

코펜하겐이 자전거의 도시로 자리 잡은 것은 시민들의 꾸준한 관심과 노력 덕분이었다. 1960년대부터 시민들은 환경 보전과 자전거 중심 도시설계를 요구하는 운동을 펼쳐 왔다. 이러한 문화적 토대 위에 정부 차원의 적극적인 행정이 더해지면서, 자전거는 코펜하겐 시민의 일상이자 도시 상징이 되었다. 코펜하겐은 오늘날에도 세계적 자전거 친화 도시로서의 명성을 이어가고 있다.

코펜하겐에서는 출퇴근이나 등하교뿐 아니라 일상생활에서도 자전거를 자연스럽게 이용하는 시민들의 모습을 볼 수 있다. 등교할 때, 마실 나갈 때도 부모가 끄는 자전거에 연결된 수레에 아이를 태워 이동하는 장면을 심심찮게 볼 수 있다. 높은 자전거 이용률 덕분에 코펜

코펜하겐에서

코펜하겐의 일상

코펜하겐에서는 부모들이 자전거 앞 바스켓에 아이들을 태우고 이동하는 장면을 심심찮게 볼 수 있다. 다양한 바스켓 디자인은 부모들의 관심과 필요를 반영하며, 이는 도시 풍경을 더욱 다채롭게 만든다.

해 질 녘의 따스한 거리 풍경

퇴근 시간, 시민들이 자전거를 타고 바쁘게 집으로 향한다.
10월 중순 날씨가 꽤 쌀쌀한데도 코펜하겐 시민들의 자전거 사랑은 여전하다.

하겐에서는 정체된 자동차 무리 대신 자전거가 도로를 가득 메우는, 우리에게는 신기한 광경이 펼쳐진다. 이는 매연 없는 친환경 교통 환경을 만들어낸다. 혹여 교통 정체가 발생한들 도로가 매연 없는 자전거로 가득한 상황은 미래 세대를 위한 지속가능한 도시 모델을 제시하는 풍경으로도 손색없다.

한국의 도시들은 산과 친숙하다. 특히 서울은 곳곳에 산지가 분포해 도심 내 고저 차가 크고, 이는 자전거 이동을 어렵게 만든다. 하지만 서울은 자전거 친화 도시가 될 수 있는 잠재력이 뛰어나다. 그 해법은 코펜하겐에서 힌트를 얻을 수 있다. 서울에는 우리에게 주어진 가장 큰 자원, 한강이 있다. 이 수변 공간과 연계된 자전거 전용 고가도로 개발 등은 이미 실현되고 있다. 도시의 지형을 단점이 아닌 특성으로 받아들이고, 기술과 시민들의 문화를 변화시키는 정책으로 이를 극복한다면 서울 역시 지형을 잘 활용해 낸 자전거 도시라는 새로운 정체성을 만들어 갈 수 있지 않을까?

친환경 에너지를 품은 도시: 청정 에너지 100% 도시를 향한 여정

비록 코펜하겐이 'CPH 2025 기후계획'에 맞춰 2025년까지 탄소 중립 수도가 되기는 어렵겠지만, 목표를 향한 실천과 과정은 여전히 많은 도시에 깊은 울림을 준다. 이 계획은 에너지 소비의 대부분을 친환경 에너지로 대체하고, 지역 난방 및 냉방 시스템을 강화하며, 친환경 건축물 건설과 시민 참여 독려를 통해 지속가능한 도시로 나아가는 것을 목표로 했다. 이는 코펜하겐이 도시 운영의 구조를 재정립하며 미래 비전을 제시하고 있음을 보여준다.

풍력 발전은 코펜하겐이 친환경 도시로 발전하는 데 중요한 역할을 하고 있다. 석사 과정 중 학기 연구 프로젝트를 위한 주민 워크숍을 진행하기 위해 팀원들과 함께 차를 타고 위쪽 지역으로 이동한 적이 있다. 약 2시간을 운전하며 이동하던 중, 누군가 반대편 도로에서 크고 긴 흰색 물체들을 옮기는 것을 보았다. 그 크기에 놀라움을 금치 못했는데, 일행 중 한 명이 풍력 발전용 터빈의 일부라고 설명해 주었다. 덴마크 내의 수많은 풍력 발전기에서 생산된 잉여 에너지 처리가 고민거리라는 말도 덧붙였다. 그의 말처럼 덴마크는 친환경 에너지 전환 100% 달성을 목표로 한 만큼, 풍력 발전기가 곳곳에 설치돼 있다. 북해 인근에는 세계에서 가장 넓은 풍력 발전기 설치 지역이 있을 정도다. 풍력 발전용 터빈은 덴마크 풍경의 일부분이다.

이러한 광경은 코펜하겐에서도 확인된다. 도시화가 가장 많이 이루어진 수도에서 풍력 발전용 터빈을 볼 수 있다는 것은 마치 서울에 풍력 발전소를 설치한 것과 같다. 이런 풍경은 친환경 도시로 거듭나기 위한 코펜하겐의 강한 의지를 보여준다. 그 사례 중 하나인 미들그

룬덴 연안 해상 풍력 발전소Middelgrunden Offshore Wind Farm는 도심과 가까운 해변가인 외레순Øresund 지역에 설치되어 있다. 실제로 해안 인근에선 터빈을 볼 수 있다. 이는 코펜하겐이 환경친화 도시라는 브랜드를 확고히 정립하고 있음을 보여주는 증거였다. 코펜하겐 환경에너지 협회가 1996년 처음 계획한 이 발전소는 2001년 완공되어 코펜하겐 전체 에너지 사용량의 3%를 공급한다.

2023년 기준 덴마크는 풍력 터빈을 통해 연평균 전체 전력 생산의 60%를 공급하고 있으며, 이는 세계에서 가장 높은 비율이다.[35] 그러나 풍력 발전의 비예측성과 시간대별 전력 수요의 불일치로 인해 특정 시점에는 수요를 초과하는 잉여 전력이 발생하기도 한다. 예를 들어 새벽 시간대에는 140%, 주간에는 116%에 해당하는 전력을 초과 생산한다. 이렇게 발생한 초과 전력은 독일과 스웨덴 등 인접 국가에 수출되며, 이를 통해 덴마크는 경제적 이익을 창출한다. 앞서 언급한 팀원의 걱정은 괜한 노파심인 듯하다. 풍력 발전소는 친환경적 에

미들그룬덴 연안 해상 풍력 발전소
도시 인근에 자리한 발전소가 이색적인 풍경을 만들어낸다. 미래를 만들어 가는 도시의 모습이다.

너지를 공급하고 경제적 이익을 가져다준다는 긍정적인 면도 있지만, 소음 문제나 경관 훼손이라는 부작용도 뒤따른다. 그럼에도 덴마크가 풍력 발전소를 대규모로 건설할 수 있었던 이유는 주민들이 환경 문제에 지대한 관심을 두고 있기 때문이다.

 2003년 기준 이미 덴마크 전역에서 약 15만 가구가 해상 풍력 협회에 가입했으며, 이러한 시민들의 지지는 풍력 발전소 건설에 대한 사회 인식 변화에 중요한 역할을 했다. 코펜하겐의 2025 기후계획에서도 시민들의 문화 형성은 환경친화 도시를 위한 핵심 동력으로 평가받는다. 덴마크인들의 이러한 지지는 다른 나라의 풍력 발전소 사업 추진에 있어서도 모범 사례로 평가받는다.

 지역 난방 시스템 또한 코펜하겐의 에너지 전환을 성공으로 이끄는 핵심 요소다. 이 시스템은 1903년 프레데릭스베르Frederiksberg에서 산업 폐기물 처리를 위해 소각장을 건설하면서 시작되었다. 폐기물 소각장과 디젤 냉각수 활용에서 출발해 바이오 매스·태양열·지열 에너지 등 재생 에너지를 통합한 현대적 네트워크로 발전했다. 2019년 기준 덴마크 가구의 64%가 이 시스템에 연결되어 있을 만큼 참여도가 높다.

 지역 난방을 위한 주요 발전소 중 하나인 BIO4는 지속가능한 우드칩을 열원으로 사용한다. 발전소 디자인 또한 환경친화성을 상징한다. 폐기물 에너지를 전환하는 코펜힐Copenhill은 기존 발전소에 스키 슬로프와 하이킹 코스를 접목한 복합 공간으로 시민들에게 색다른 경험을 선사한다. 이러한 시설은 코펜하겐의 에너지 정책이 기술적 혁신을 넘어 시민 생활의 질 향상에 중점을 두고 있음을 보여준다.

코펜힐

이곳은 발전소의 기능뿐만 아니라 시민들에게 여가를 즐길 수 있는 공간까지 제공하는 복합 시설로, 발전소의 새로운 가능성을 잘 보여준다.

지역 난방뿐만 아니라 2010년부터 코펜하겐은 바닷물을 활용한 지역 냉각 시스템을 통해 에너지 효율을 높이고 있다. 차가운 물을 건물 냉각에 활용하는 이 시스템은 사무실·호텔·백화점 등 다양한 건물에서 에너지 소비를 줄이는 데 이바지한다. 냉각 시스템은 기존의 지역 난방 네트워크와 통합되며, 코펜하겐의 지속가능한 에너지 전환을 더욱 견고하고 만든다. 100% 친환경 에너지 사용 도시로의 항해는 기술적 혁신뿐만 아니라 시민들의 적극적인 참여와 지지가 있었기에 가능했다. 시민들은 풍력 발전소 건설에서부터 지역 난방 및 냉각 시스템 활용에 이르기까지, 도시 에너지 전환의 모든 과정에 때론 변화를 이끌어내고, 때론 적극적으로 협력했다. 이는 분명 다른 도시들의 귀감이다. 코펜하겐의 사례는 미래 도시가 나아가야 할 방향을 명확히 제시하며, 지속가능성 확보를 위한 실질적 해법을 제안한다.

코펜하겐이 보여준 변화는 우리 도시에도 시사점을 던진다. 한국의 도시들도 기후 위기에 대응하기 위한 다양한 정책을 시도하고 있지만, 에너지 전환 과정에서 시민 참여와 공감대 형성은 부족한 편이다. 신재생 에너지 개발이나 지역 난방 확대 정책이 일부 진행되고는 있으나 주민 반발이나 이해 부족으로 사업이 중단되거나 지연되는 사례도 적지 않다. 따라서 지금 우리에게 필요한 것은 기술을 넘어선 문화적 전환이다. 코펜하겐처럼 시민들이 에너지 전환의 주체가 되어 직접 참여하고, 그 과정에서 삶의 질이 변화할 수 있다는 신뢰와 경험이 축적되어야 한다. 한국도 온실가스 감축 목표치를 설정하는 데 그치지 않고, 지속가능성과 시민의 일상을 아우르는 통합적 전략으로 나아가야 할 시점이다.

기후 회복 탄력적 도시: 기후 문제에 도시가 내린 해답

홍수와 토네이도와 같은 자연재해는 해가 거듭될수록 빈번하게 일어나고 있다. 시민들이 건강하고 안전한 삶을 유지하기 위해서는 친환경적인 대책뿐만 아니라 재난 대비 시스템을 구축하여 기후 변화로 인한 위험에 효과적으로 대응할 필요가 있다.

기후 변화로 인한 주변 환경 변화는 도시 내 이동을 유발하며, 그 결과로 기후 젠트리피케이션과 같은 사회적 불평등 문제가 불거질 수 있다. 또한, 자연재해로 인한 인명·경제적 피해를 방지하기 위해서는 미래 세대뿐만 아니라 현재 도시에서 살아가는 시민들까지 고려한 도시 회복력을 갖춰야 한다.

코펜하겐은 '2012 코펜하겐 집중 호우 계획The Copenhagen Cloudburst Plan'을 시작으로 기후 변화로 인한 집중 호우에 대비할 수 있는 회복 탄력성을 지닌 도시를 만들어 가고 있다. 이 계획에는 일시적으로 물을 저장하는 시설을 만들거나 유속을 늦출 방법을 고민하고 실현하는 과정들이 담겨 있다.

기존 도시설계는 일반적으로 차량 통행에 중점을 두어 물이 도로 양쪽으로 흐르도록 한다. 그러나 최근 코펜하겐에서는 도로를 'V'자 형태로 만들어 물이 중심부로 모이게 해 보행로와 상가의 침수 피해를 줄이는 방식이 적용되고 있다. 이외에도 도로와 보도를 양쪽에 배치하고, 녹색 공공공간을 'V'자 형태로 설계해 폭우 시 물을 저장할 수 있도록 계획하는 방식도 채택했다. 이 공간은 평소에는 시민들의 여가와 사회 활동을 위한 공간으로 사용되지만, 폭우 시에는 저수지 역할을 해 피해를 최소화한다. 물이 서서히 배출되도록 설계함으로써

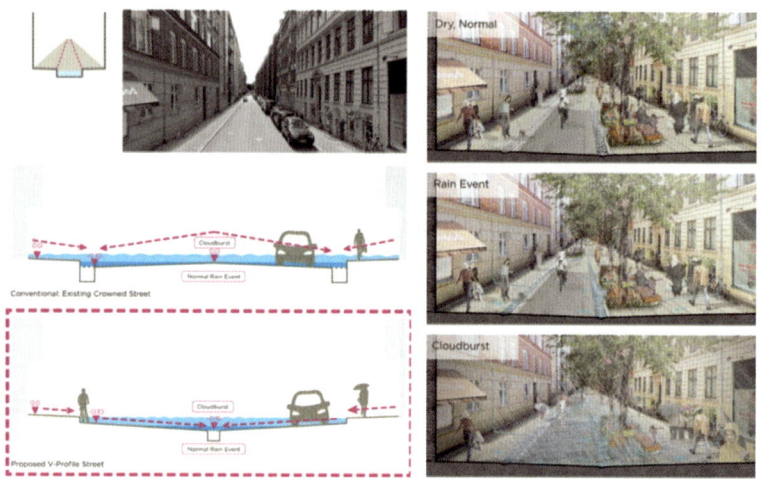

도시 운하 'V-Profile'(브이 프로파일)

코펜하겐의 'V'자 모양 도로 설계 계획은 갑작스러운 폭우에 대비할 수 있도록 고안된 효율적이고 경제적인 방안이다. 기존 도로를 완전히 교체하지 않고도 적용할 수 있어 실용성이 높다.

효율적인 관리가 가능하며, 기존 인프라를 완전히 교체하지 않아도 되는 장점이 있다.

폭우 대응을 위한 도시설계 방법이 적용된 또 다른 사례는 코펜하겐에서 가장 분주한 교통 허브인 네로포트Nørroport 역에 위치한 자전거 주차장이다. 과거 코펜하겐 시내를 돌아다니던 중 한 디자인 샵을 운영하는 가게 사장님과 자전거 주차장에 관한 대화를 나눈 적이 있다. 그때 이 자전거 주차장이 기후 회복 탄력적 설계가 구현된 곳이라는 사실을 알게 되었다. 평소에는 자전거 주차 공간이지만, 폭우 시에는 물을 저장하고 배수하는 역할을 한다는 것이다. 두 눈으로 직접 설계를 확인하러 갔다. 자전거 주차장은 구조적으로 오목하게 들어가

9 기후 대응 도시설계

네로포트역의 자전거 주차장

기후 회복 탄력적 도시설계가 적용된 자전거 주차장의 모습이다.
이 주차장은 코펜하겐에서 가장 복잡한 역 중 하나인 네로포트역 입구에 자리 잡고 있다.
평소에는 자전거 주차장으로 사용되고, 폭우 시에는 물을 저장하고 배수 기능을 한다.

있었으며, 배수 시스템도 갖추고 있었다. 단순 주차 공간처럼 보였던 이곳이 침수 예방을 위한 치밀한 도시설계의 일부임을 깨달았다.

한국에서도 매년 증가세인 집중 호우 때문에 도심 침수 현상이 증가하고 있다. 피해를 줄이기 위한 도시 구조 개선에 관한 관심은 계속돼 왔지만, 우리 도시들은 아직 구조 개선보다는 사후 피해를 최소화하는 데 중점을 두고 있다. 앞으로의 자연재해는 도시를, 시민을 점점 더 괴롭힐 것이다. 기후 회복 탄력적 도시계획은 우리에게 필수 선택지가 아닐까?

미래 세대를 위한 과감한 기준을 제시하는 '탄소 중립 도시'

코펜하겐은 세계 최초의 탄소 중립 도시가 되기 위해 도시 차원에서 대담한 도전을 해오고 있으며, 실질적으로 실행 중이다. "재생에너지로만 100% 에너지를 공급하는 세계가 공상은 아니다."라는 유럽 풍력 에너지 협회European Wind Energy Association 대변인 올리버 조이Oliver Joy의 말처럼 코펜하겐은 이러한 공상이 현실이 될 수 있음을 증명하고 있다. 도시 전반에 친환경 에너지를 도입하고, 미래를 위한 새로운 표준을 제시한다.

이 도시의 목표는 단순히 탄소 배출량을 줄이는 데 그치지 않는다. 완전한 탄소 중립을 달성하겠다는 과감한 목표를 세운 코펜하겐은 짧은 시간 내에 실질적인 변화를 이루기 위해 기존 관행과 시스템을 혁신했다. 산업·교통·건설 등 다양한 분야의 모든 이해당사자의 이해와 협력을 통해 화석연료 기반의 인프라를 지속가능한 재생 에너지로 전환하려 한다. 난제가 많지만, 차근차근 꿋꿋하게 계획을 진행 중이다.

폐기물을 에너지로 전환하면서도 스키장과 하이킹 코스를 결합한 발전소인 코펜힐 건립, 도시 전역의 자전거 도로망을 포함한 친환경 교통망 건설, 친환경 건축물과 지역 난방 및 냉각 시스템 도입 등이 그 노력을 대변한다. 이 모든 노력은 도시 차원에서 기후 위기에 대응하기 위한 대담한 접근 방식의 일환이다.

미래 지향적인 이 도시의 사례는 기술적 진보의 모델에 국한되지 않는다. 기후 위기에 대응하기 위한 도시 차원의 책임과 실행력, 그리고 시민과 정부의 협력을 바탕으로 한다. 기후 변화는 세계 모든 도시가 직면한 문제이며, 더는 방관할 수 없는 위기다.

　현 상황에서 가장 선도적인 도시인 코펜하겐은 미래 세대를 위한 과감한 기준을 제시하고 있다. 도시는 생활의 배경에서 나아가, 지속 가능한 삶의 방식과 기후 위기 해결을 위한 플랫폼이 되어야 한다. 기후 변화에 실질적으로 대응하는 것은 도시가 미래 세대에게 남길 수 있는 가장 큰 유산이다.

10
안전한 서울

자전거는 가져가지만,
왜 스마트폰은 그대로 둘까?

동행자: 김다현

사람들이 끊임없이 오가고 머무는 거리에서 자연스럽게
형성된 사회적 감시는 도시 구조와 어우러지며, 서울을
'안전한 도시'로 만들어 준다. 기술 기반의 시스템뿐 아니라
서로를 의식하는 문화 또한 일상 속 보호망이 되어 준다.
이 기반 위에 도시계획과 문화가 함께 작동한다면 서울은 더욱
지속가능하고 안심할 수 있는 도시로 나아갈 수 있을 것이다.

서울은 정말 안전한 도시일까?

한국을 향한 세계인의 관심이 높아지면서 수준 높은 치안도 주목받고 있다. 우리나라를 설명하는 수많은 표현이 있지만, 그중 '안전하다'라는 단어가 가장 대표적이라고 할 수 있다. 이는 곧 우리 도시의 치안 수준이 얼마나 높아졌는지를 단적으로 보여주는 증거다. 총기 소지가 불가능해 강력 범죄율이 비교적 낮고, 불이 꺼지지 않는 도시인 서울에서는 새벽까지도 안심하고 거리를 다닐 수 있다. 과거 만연했던 소매치기 같은 경범죄도 이제는 거의 사라지면서, 서울은 더욱 안전한 도시로 변모하고 있다.

안전이라는 말은 사건 사고가 발생하지 않거나, 위험하지 않은 상태를 뜻한다. 즉 '안전한 도시'는 위험 발생 요소로부터 사람들을 보호하는 상태를 뜻한다. 안전함의 중요성은 두말할 필요도 없다. 도시 계획에서 안전은 핵심 요소이며, 안전한 도시는 시민들에게 더 높은 삶의 질을 제공하고 관광·투자·비즈니스 유치 등 경제적으로도 큰 역할을 한다.

우선 정말 한국이 안전한 나라일지 객관적인 수치로 살펴보자. 2020년 UN에서 제공하는 데이터 중 '부패Corruption와 경제 범죄Economic Crime'는 도난뿐만 아니라 강도·밀수·절도·사기 등의 모든 범죄를 포함한다.[36] 전 세계 200여 개국 중 한 해 동안 발생한 10만 명당 범죄 발생률을 보여준다. 1위는 독일로 그 수치가 압도적으로 높으며, 이후 브라질·러시아·이탈리아·프랑스·스페인·캐나다·스웨덴·호주·멕시코 순이다. 한국은 22위이다. 단순히 순위만 보면 높은 것처럼 보이지만, 범죄율이 높은 상위 10개국과 비교하면 한국의 범죄율은 상대적으로 낮은 편에 속한다. 특히 '도난Theft' 범죄를 따로 떼어 보면 한국은 43위로 내려간다. 이러한 수치는 한국이 도난 범죄 면에서 상대적으로 안전한 나라임을 시사한다.

우리나라의 범죄 관련 통계 중 유난히 도난 횟수 발생률이 낮다는 건 흥미로운 점이다. 서울의 일상을 경험한 그 누구라도, 이 도시의 낮은 범죄율에 쉽게 공감할 것이다. 잠시 통화를 하거나 화장실을 가기 위해 카페에서 자리를 비울 때, 사람들은 가방·지갑·태블릿 PC·노트북 등 소지품을 있던 자리에 그대로 두고 나가곤 한다. 유럽에서 소매치기를 걱정하며 가방을 항상 움켜쥐고 다니거나, 미국 도서관에서 잠시 잠들었다가 물건을 잃어버린 경험을 떠올리면, 한국에서의 이러한 행동은 다른 나라에서는 상상하기 힘들다. 우리는 소지품을 카페 테이블에 올려놓는 것을 일종의 자리 맡는 행위로 여긴다. 단순히 물건을 내려놓는 것이 아니라 이 자리가 이미 누군가의 것임을 알리는 신호로 인식한다. 이 행위는 그만큼 타인에 대한 신뢰와 한국 사회의 안전성을 반영한다.

그러나 특정 물건은 예외로 여겨진다. 바로 자전거다. 자전거는 도무지 자비가 없다. 바퀴나 안장 등 일부분은 물론 자전거 전체를 훔쳐간다. 자물쇠로 걸어 놓더라도 끊어 가져가기 일쑤다. 도난이 잦은데 심지어 보관 장소가 대부분 사각지대다. 부피가 크기 때문에 실내 보관이 어려우니 대다수가 골목이나 야외에 놓여져 있다. 그렇다 한들 유난히 자전거만이 도난에 취약한 원인은 무엇일까?

사적인 재산 VS 방치된 재산

스마트폰이나 노트북은 현대인의 필수품이자 개인 정보와 지식은 물론, 말 그대로 개인의 삶을 담고 있다. 우리는 스마트폰을 항상 손에 쥐고, 어디에 두었는지 신경 쓰며, 자칫 누군가 훔쳐 발생할 수 있는 문제들을 걱정한다. 사생활 노출 혹은 금융 사고로 이어질 수 있다는 불안감은 개인의 경계를 한층 더 높인다.

흥미로운 점은 이러한 불안감이 개인만의 문제가 아니라는 것이다. 타인의 스마트폰이 도난당하는 상황을 본다면, 곧 나 역시도 같은 처지가 될 수 있다는 공포감에 사로잡힌다. 영화 '스마트폰을 떨어뜨렸을 뿐인데'처럼 스마트폰 하나로 누군가의 삶 전체가 무너질 수 있다. 영화 속 주인공은 단순히 스마트폰을 잃어버린 것에서 시작해 개인 신상과 금융 정보가 무분별하게 노출되고, 심지어 목숨까지 위협받는 극한 상황에 내몰린다. 이 이야기는 단지 영화 속 허구는 아닐 것이다. 현대 사회에서 스마트폰은 단순한 기기가 아닌 우리의 모든 것을 담고 있는 디지털 자아 그 자체다.

이런 위기의식 속에서 '서로의 재산을 지킨다'라는 암묵적인 사회적 약속이 생겨난다. 길거리에서 스마트폰을 잃어버렸을 때, 이를 주운 사람이 주인을 찾아주는 모습은 단순한 호의를 넘어선 신뢰 문화의 일부다. 나 역시도 스마트폰을 떨어뜨린 적이 여러 번 있는데, 어떤 이는 '누가 훔쳐 갈까 걱정되어 보관했다'라면서 나중에 만나 직접 건네기까지 했다.

그렇다면 스마트폰이나 노트북은 철저히 보호받는데, 왜 자전거는 같은 대우를 받지 못할까? 이 질문에 대해 나는, 개인정보와의 직접적 연관성과 보관 방식의 차이에서 그 답을 찾을 수 있다고 본다. 스마트폰은 늘 주인이 소지하며 실시간으로 관리되는 반면, 자전거는 주로 외부에 거치되어 자연스레 관심 대상에서 멀어진다.

자전거는 '외부에 노출된 재산'이기에 '방치된 재산'으로 보이기 쉽다. 자전거가 주로 시야 사각지대, 이를테면 누구든 접근 가능한 야외 거치대 혹은 CCTV가 없는 공간에 방치되기 때문이다. 익명성을 지닌 불특정 다수에게 노출되면서 관리되지 않는 재산으로 간주해 도난에 더 취약해지는 것이다. 이는 자전거 보호를 위한 적절한 시설이 부족하다는 점을 시사한다.

이는 서울의 도시 인프라에서 명확히 드러난다. 서울은 대중교통 시스템과 도로망이 잘 발달한 도시로 평가받지만, 자전거와 관련된 기반 시설은 여전히 미흡하다. 자전거 전용 도로는 최근 많이 개선되고 있으나 단선적으로 연결되어 있다. 특정 구간에서만 짧게 설치되어 있거나 서로 연결되지 않아 이용자가 한 구간을 지나면 도로가 갑자기 사라져 일반 차도나 인도로 진입해야 한다. 많은 경우 인도와 겹쳐 사용되어 보행자는 물론 자전거 이용자의 안전을 위협한다. 이처럼 서울의 도심은 자전거 친화적이지 않다. 좁은 골목과 복잡한 교통체계는 자전거 이용 자체를 어렵게 만들고, 이는 곧 이용률을 낮추는 요인으로 작용한다.

공적 영역이 아닌 사적 영역에서조차 자전거 주차 시설은 뒷전이다. 대규모 아파트 단지조차 보관소를 외부에 마련하는 경우가 많아 입주민들이 자전거를 안전하게 보관할 방안을 찾지 못하는 상황이 벌어진다. 자전거 보안 시설은 도심의 주요 공간보다는 외곽지나 상가의 후미진 구역에 주로 배치되어 있어, 이용자들의 접근성이 낮다. 결국 이는 자전거가 단순히 외부에 노출된 것이 아니라 도시가 자전거를 보호하기 위한 적절한 환경을 제공하지 못하고 있다는 점을 보여준다. 자전거 도로와 주차 시설의 확충, 사회적 감시 기능을 강화한 설계, 그리고 체계적인 관리 방안을 통해 이러한 문제를 해결해야 할 시점이다.

    자전거 도난 문제는 사회적 인식과 제도의 문제로 연결된다. 자전거 도난은 흔히 경미한 범죄로 여겨져, 이를 방지하기 위한 단속과 처벌이 적극적으로 이루어지지 않는다. 자전거를 단순한 탈것으로 치부하는 오래된 인식에 뿌리를 둔다. 문제는 이 '단순한 탈것'이 누군가에게는 가장 값진 애장품이라는 점이다. 일부 모델은 자동차 1대 값과 맞먹는 몸값을 자랑한다. 요즘 자전거 동호인들 사이에서 흔한 고급 자전거는 수백만 원을 호가하고, 전문 장비를 갖춘 자전거는 아예 소형 스포츠카에 비견되기도 한다. 그런데도 이러한 고가 자전거가 서울의 골목이나 CCTV 사각지대에 위태위태하게 주차된 모습을 보는 건 어렵지 않다.

    자전거는 스마트폰처럼 '고유한 인증 표식'이 없고, 개인 정보와 연결되지 않아 훔친 자전거를 재판매하거나 때론 부품으로 해체해 파는 일이 횡횡한다. 한국에서도 몇 년 전 '자전거 이용 활성화에 관한 법률 일부개정법률안'에 따라 소유자가 자전거를 등록하면 고유번호가 부여되어 QR코드나 RFID 태그로 도난 방지 및 식별을 위한 장치를 만드는 법안을 도입했지만, 아직 활성화가 되지 않았다.

    유독 자전거에만 어째서 이런 현상이 벌어지는가를 고민하다 보

자전거의 현주소

제대로 된 주차 공간 없이 거리에 방치된 자전거를 서울 어디서나 쉽게 볼 수 있다.

면 CCTV의 존재 여부에 대해 생각하게 된다. 자전거가 주로 주차되는 외부 공간에는 카메라가 부재하거나 앵글의 사각지대가 많다. 반면, 실내에는 CCTV가 많고, 사람이 밀집해 있기에 보는 눈이 많다. 실내 공간에서는 물건을 함부로 가져가기가 쉽지 않다. 그렇다면 CCTV가 있으면 범죄율이 굉장히 낮다는 것인데, 실제로 CCTV가 절대적으로 작용한다고 할 수 있을까?

CCTV는 유용하지만 모든 걸 해결해 주지 않는다

물론 CCTV는 범죄 억제 및 예방에 효과적이다. 통계청의 자료에 따르면 국내 공공 CCTV 기준으로, 직장인들의 출근부터 퇴근 후 자기계발·여가 활동, 그리고 귀가까지의 여정을 따라가 보면 하루 동안 총 98회에나 노출된다.[37] 설치 후 해당 장소에서 5대 강력범죄가 26.6% 감소했다는 통계가 있다.[38] 이러한 데이터는 CCTV가 범죄 예방에 일정 부분 효과가 있음을 시사한다. 자신의 활동이 기록된다는 사실을 알면 심리적 압박으로 인해 범죄 행위에 가담할 가능성이 줄어든다.

그뿐만 아니라 범죄자 검거와 어느 정도의 예방 효과도 있다. 하지만 CCTV는 분명 한계가 명확하다. 실시간 감시가 어렵고, 사건 발생 직후 적시에 활용되지 못하는 경우가 많다. 또한, 범죄자들이 카메라를 무력화하거나 얼굴을 가리고 신원을 숨기는 방법을 쓰기도 한다. 이처럼 물리적·기술적 한계뿐만 아니라 관리·유지·보수에도 CCTV는 번거롭다. 고장 나거나 저장된 데이터가 신속히 접근하지 못하면 효율성은 크게 떨어진다. 프라이버시 침해 문제 역시 꾸준히 제기되고 있으며, '과도한 감시 사회'에 대한 불만이 만연하다.

궁극적으로 CCTV는 범죄 예방과 해결에 매우 유용한 도구이지만, 그 자체로는 완벽한 해결책이 될 수 없다. 범죄를 줄이기 위해서는 CCTV 외에도 커뮤니티 중심의 상호 감시 프로그램, 도시설계를 통한 사회적 감시 기능 강화, 그리고 범죄율을 낮추기 위한 환경 개선 등 다각적인 접근이 필요하다.

진정한 CCTV는 24시간이 쉴 새 없는 거리

CCTV를 대체할 수 있는 건 사람 그 자체다. 많은 사람이 돌아다니는 것만으로도 범죄율은 줄어들 수 있다. 서울의 거리는 낮부터 밤까지 쉴 새 없이 혼잡하다. 대부분 지역에서 레스토랑·커피숍·편의점·PC방 등 상점들이 밤늦게까지 열려 있기 때문이다. 어느 상점들은 24시간 운영되기도 한다. 사람들이 모이고, 사회활동을 하고, 상호작용을 한다. 24시 운영되는 편의점은 특히 지역민의 이용률이 높은 공간이다. 범죄가 발생할 때, 경찰에 신고하기 용이하여 빠른 대응을 할 수 있다. 사람들은 밤새 머무를 공간을 찾아 들어간다. 덕분에 외부에 오랫동안 돌아다니며 범죄에 노출되지 않고 안전한 공간에서 시간을 보낼 수 있다. 대중교통 역시 24시간 운영된다. 오전 5시부터 자정까지 쉬지 않고 운영되는 지하철, 심야까지 운영하는 버스가 그렇다. 대중교통은 깔끔하며 안전하다. 사람들은 덕분에 마음 놓고 늦게까지 외부에서 활동한다. 이처럼 사람이 하루 종일 북적거리는 혼잡한 도시에서 범죄자는 은밀하게 행동하기 어렵다. 다른 사람들의 시선 때문이다. 거리 활력이 높은 지역은 잠재적인 범죄자를 저지하는 경향이 있다. 점포 주인들은 손님 확보를 이유로 서로 간에 안전한 환경을 제공하려고 하기 때문이다.

이는 도시계획에서 기본적으로 다뤄지는, 제인 제이콥스가 『위대한 미국 도시의 생과 사The Death and Life of Great Amerinan Cities』[39]에서 제시했던 '가로 위의 눈'이라는 단어로 설명된다. 안전에 관련된 용어로 거리나 공공장소에 사람들이 있을 때, 활동이 더 활발히 일어나며 이것이 장소를 더 안전하게 만드는 요소임을 의미한다. 주변 활동 덕에 사람 간에 꾸준한 관찰이 발생하기 때문에 범죄 예방이 된다는 개념이다. 혼잡한 도시 환경 속에서도, 거리에 산재한 다양한 활동들로 인적 상호작용이 일어나면서 사람들이 서로 지켜보고 도움을 주고받을 수 있다. 또한, 공원·상점·카페 등 다양한 요소들이 섞인 토지의 혼합 이용으로 주거·상업·서비스들이 공존함으로써 통행량을 높여 범죄 현장 관측이 쉬워진다.

윌리엄 화이트William H. Whyte가 『작은 도시 공간의 사회적 삶The Social Life of Small Urban Spaces』[40]에서 연구한 것처럼 사람들은 타인 관찰을 즐긴다. 그리고 그 행동에는 적극적인 대화에 참여하지 않아도, 소극적으로 남을 바라보는 행위도 포함된다. 물론 현대인의 소통 방식은 더욱 소극적으로 바뀌었을 수 있다. 하지만 서로를 관찰하고 신경 쓰는 것은 시간이 흘러도 변하지 않는 사회적 동물인 인간의 본성이다. 이용자가 서로를 관찰, 때론 경계하고 상호작용을 하는 활동은 건물 외부보다 내부에서 훨씬 활발하게 이뤄진다. 특히 카페와 같은 실내에 있다 보면 내부에 있는 사람은 다 파악된다. 카페를 떠올려보자. 내 옆 테이블에 앉은 사람, 건너편에 있는 사람의 얼굴은 굳이 쳐다보고 통성명하지 않아도 시야에 들어온다. 이처럼 사람들은 자연스럽게 주변을 관찰하고, 특히 실내 공간에서는 자신도 모르게 더 많이 신경을 쓴다. 옆자리에 앉은 사람의 노트북 화면에 무심코 눈길이 가고, 건너편 테이블에 앉아 있는 사람이 먹는 디저트가 무엇인지 궁금해지는 게 인간의 본성이다. 결국 사람들의 눈은 가장 강력한 CCTV일지도 모른다. '누군가 보고 있다'는 무언의 메시지가 카페 내부의 스마트폰을 지켜주는 보이지 않는 보호막이 되는 셈이다.

서울에서

　그렇다면 왜, 길거리의 눈들이 자전거를 보호해 주진 않을까? 의문이 생긴다. 차량 중심 도시설계의 한계를 생각해 볼 수 있다. 과거 우리나라의 도시계획은 자동차를 중심에 두었다. 자동차 산업 활성화 등을 이유로 자동차가 많이 보급되고, 도로도 촘촘히 설치되었다. 그러나 차량 중심 도시의 한계는 '속도감'과 '무관심'으로 규정될 수 있다. 자동차의 위험천만하게 빠른 속도, 그를 위해 짜인 복잡한 도로체계와 교통체증은 사람들의 시선을 보행로보다 차도에 집중하게 만든다. 특히 운전자의 시선이 보행로·골목·거리로 향하게 하지 않는다. 이는 도시의 감시 기능을 취약하게 한다.

서울의 밤
24시간 동안 거리를 비추는 시설들은 길거리의 눈이 되어 사람들을 지켜본다.

안전에 대한 집단적 믿음

그렇다면 사람들은 타인을 얼마나 신경 쓸까? 우리의 문화를 살펴보면 이에 대한 답이 있다. 우리 문화는 서로를 의식하는 집단적인 특성을 오랜 기간에 걸쳐 형성해 왔다. 예의 규범을 중시하고 서로를 배려하는 특성이 두드러진다. 물론 최근 개성이 강조되면서 개인주의적 성향의 문화가 많이 자리 잡아가고는 있다. 그래도 과거부터 한국인의 문화적 DNA에 새겨진 서로를 신경 쓰는 문화가 범죄율을 낮추는 데에 크게 이바지할 수 있을 것이다. 우리는 모두 SNS를 활발히 이용한다. 어느 개인의 이상 행동이나 사건 사고 현장이 포착되면 사람들은 스마트폰으로 그 순간을 찍어 온라인에 공유하고, 이에 대한 관심이 순식간에 확산한다. 이는 단순히 그 자리에 있던 사람들뿐만 아니라 모두가 해당 행동을 비판하거나 주목하는 것을 의미한다.

아이러니하게도 서로를 배려 혹은 경계하는 이러한 문화는 안전에 대한 집단적 믿음을 높인다. 이는 한 사람이 아니라 집단이나 사회 전체가 일종의 '안전을 믿음'으로 공유하는 것을 뜻한다. 그룹 내 구성원들이 서로를 신뢰하고, 안전한 환경에서 상호작용을 하며 행동하는 것이다. 남녀노소 할 것 없이 밤에 산책하러 다니는 장소는, 안전하다는 집단적 믿음이 공유된 곳이다. 이러한 집단적 믿음이 공원을 넘어 거리와 도시, 더 나아가 사회로까지 이어질 수는 없을까?

안전에 대한 집단적 믿음은 다양한 곳에서 발견될 수 있다. 아파트 커뮤니티도 그중 하나다. 한국에서 부동산 자산은 부를 축적하는 데에 굉장히 중요한 수단이다. 아파트의 가치는 지역과 유형에 따라 다르지만, 소유주가 가치 상승을 바라는 마음은 보편적이다. 이러한 관점은 커뮤니티 안에서 다양한 태도를 만들어낸다. 이로 인해 아파트 커뮤니티 내부에서 발생하는 문제에 대해 외부 발설이 조심스러워지고 안전에 대한 암묵적인 결의가 형성될 수 있다. 이런 상황에서 주거환경의 안정성을 유지하고 개선하기 위해 공동체적인 노력이나 각종 시설 개선 등이 이뤄지기도 한다.

안전에 대한 집단적 믿음은 타인의 언행에 간섭하고 싶은 '오지랖 문화'를 수반한다. 이러한 문화적 특성은 위험에 처하거나 문제가 발생하기 전에 조언하고 돕는 마음에서 비롯된다. 오지랖을 부리는 사람은 부정적인 뉘앙스를 품고 있지만, 실제로 사람들에게 정보를 전달하고 경고하는 긍정적 역할을 하기도 한다. 사전에 주의를 줌으로써 사람들을 보호하고 안전을 유지하는 데에 서로 신경을 쓰자는 메시지를 던진다. 이는 작업장·교통·공공장소 등 다양한 환경에서 사람들이 서로 배려하고 안전을 챙기는 모습으로 나타난다.

서울: 사람과 계획이 만들어 가는 안전한 미래

서울이 안전한 도시로 평가받는 데에는 여러 요인이 있다. 도시가 24시간 활력이 넘친다는 것과 서로 관심을 가지는 문화, 그리고 안전에 대한 집단적 믿음이다. CCTV와 같은 기술적 장치 외에도 사람들 간의 관심과 상호작용이 자연스레 감시자 기능을 하며 도시의 안전을 유지하는 역할을 하고 있다. 특히 카페와 같은 실내에서는 사람들이 서로를 인지하고 지켜보는 분위기가 형성되어 범죄 가능성을 현저히 낮춘다. 이 덕분에 서울은 낮과 밤을 가리지 않고 사람들이 안전하게 생활할 수 있는 도시가 되었다.

그러나 외부에 노출된 물건은 아직도 도난 위험에 취약하다. 전용도로의 부족과 미흡한 보관 시설은 자전거 이용을 저해한다.

앞으로 서울이 나아갈 방향은 자전거와 같은 외부에 노출된 물건이 더 이상 도난의 위험에 처하지 않도록 도시계획과 안전 인프라를 개선하는 것이다. 자전거 도로와 주차 시설의 확충, 사회적 감시 기능을 강화할 수 있는 공간 설계 등 도시계획과 사람들의 문화가 맞물려 기능하면 서울은 더욱 안전하고 살기 좋은 도시가 될 것이다. 결국 시민들의 행동과 그를 이끄는 도시계획이 세밀하게 이뤄질 때 도시의 안전성과 우리의 삶의 질 역시 높아질 것이다.

11
케이팝의 장소화

문화의 부흥은 도시공간을
어떻게 변화시켰는가?

동행자: 강송희

서울은 누구든 도심에서 자연스럽게 문화를 향유할
수 있는 도시로 변화 중이다. 특히 케이팝을 중심으로
공공공간과 문화·예술 공간이 늘어나는 추세다.
스트리트 문화와 결합한 케이팝의 영향력은 서울을 더
개방적이고 활기찬 곳으로 만들고, 전 세계가 주목하는
문화·예술의 중심지로 거듭나게 한다. 문화는 도시를
생동감 넘치고 매력적인 공간으로 만들며, 서울이
끊임없이 새로운 모습으로 발전할 수 있도록 이끈다.

문화가 도시를 만드는 순간

도시는 사람과 공간이 어우러져 만들어진다. 그러나 사람이 모인다고 해서 그 도시가 특별해지는 것은 아니다. 어떤 도시는 그저 인구가 밀집된 곳에 불과하지만, 어떤 도시는 예술과 창의성의 중심지로 시대를 넘어 영향력을 발휘한다. 이 차이는 어디에서 비롯되는 것일까? 바로 문화와 예술이 도시의 정체성을 만들고, 그 정체성이 다시 도시를 형성하는 것에서 답을 찾을 수 있다.

프랑스 파리는 19세기 말부터 20세기 초까지 몽마르트르 언덕으로 젊은 예술가들이 모이면서 우리가 알고 있는 낭만의 상징이자 문화의 도시로서의 정체성을 굳건하게 다질 수 있었다. 당시 파리의 거리는 자유로운 예술적 표현과 실험이 넘쳐났고, 이는 미술과 음악에 국한되지 않았다. 수많은 예술가가 한데 모여 교류하고, 창작하며, 영감을 주고받아 장소 자체가 거대한 예술적 공동체로 기능했다. 예술 자체가 도시의 호흡이자 정체성이 된 것이다. 이렇게 형성된 정체성은 파리가 오늘까지도 세계에서 영향력 있는 도시 중 하나로 만든 원동력이 되었다. 문화가 도시를 만들고, 도시가 문화를 꽃피우는 선순환이 일어난 것이다.

현대적인 사례로는 문화적 역량을 바탕으로 창의성이 꽃피운 미국 오스틴을 떠올릴 수 있다. 오스틴은 1960년대부터 '전 세계 라이브 음악의 수도'라는 애칭을 얻으며 컨트리·블루스·인디까지 다양한 장르가 공존하는 음악 중심지로 자리 잡았다. 당시 오스틴의 클럽과 바에서는 매일 밤 새로운 음악이 울려 퍼졌고, 음악인들은 자유롭게 무대에 올라 그들만의 독창적인 음악 세계를 선보였다. 문화적 활력이 넘치는 분위기 속에서 음악은 도시의 정체성을 형성하고 창의적인 인재들과 기업을 끌어들이는 자석이 되어, 지역 경제를 활성화한 중요한 요소로 작용했다. 오스틴은 기술 혁신과 창조 산업의 중심지로 성장하면서 '제2의 실리콘 밸리'라는 별명을 얻게 되었다. 문화가 만들어낸 역동성은 결국 기술과 혁신을 품어내는 기반이 되었고, 도시의 생명력은 그로 인해 활기를 띨 수 있었다.

파리가 19세기 말, 전 세계 문화의 기준을 제시했고, 오스틴이 1960년대부터 라이브 음악의 수도로서 문화적 역량을 확장하며 제2의 실리콘 밸리로 자리 잡은 것처럼, 서울 또한 새로운 문화와 예술의 기준을 제시하며 21세기 문화·예술 산업의 중심지로 성장할 길이 있지 않을까?

서울의 문화·예술은 케이팝 문화를 통해 폭발적으로 발현되고 있다. 케이팝은 글로벌 문화 현상이 되었고, 수많은 팬덤을 형성하며 음악뿐만 아니라 패션·뷰티·라이프스타일에 이르기까지 그 영향력을 광범위하게 확장하고 있다. 서울은 이러한 변화의 중심에 서 있으며, 케이팝을 통해 세계적인 문화 도시로 변모하고 있다. 한국의 엔터테인먼트 산업은 케이팝을 통해 본격적으로 부흥했으며, 전 세계 문화·예술의 판도를 바꾸는 데 중요한 역할을 하고 있다. 이러한 케이팝의 번영은 서울의 도시공간에도 큰 변화를 일으키며, 그 과정에서 문화적 정체성의 재구성을 촉진하고 있다. 그러나 아직 서울은 분명한 방향성과 미래 전략 없이 흘러가고 있는 측면이 있으며, 지금 이 변화가 어디로 향할지 고민이 필요한 시점이다.

(과거) 엔터 산업 발달이 가져온 공간 변화

2012년 싸이의 '강남스타일'이 세계적인 인기를 끈 것을 시작으로, 다양한 케이팝 스타들이 글로벌 무대에서 사랑을 받고 있다. 이 노래가 유행하던 당시, 나는 영국에서 학사 과정을 밟고 있었다. 그 시기를 떠올려 보면 싸이의 노래가 유행한 이후 사람들의 한국 문화에 대한 관심이 눈에 띄게 늘어났다. 내가 캐나다에서 고등학교에 다닐 때만 해도 주변에서 우리 문화에 관한 관심은 매우 제한적이었다. 그저 동아시아의 작은 나라로 인식되었다. 그러나 '강남스타일'이 폭발적인 인기를 얻은 후, 주변의 태도가 크게 달라졌다. 먼저 싸이의 노래를 안다고 말하거나 트레이드마크인 말춤을 따라 하며 관심을 드러내기 시작했다. 동시에 한국 드라마를 향한 관심도 점점 높아졌으며, 해외에서 생활하는 한국인들은 한국인이라는 것만으로도 어깨를 으쓱할 수 있는 시기를 맞이했다.

이 흐름은 일회성 유행을 넘어 방탄소년단·블랙핑크·뉴진스 등의 글로벌 케이팝 스타들이 연달아 등장하면서, 한국의 대중문화가 단순한 소수 집단의 문화가 아닌 하나의 주류 문화로 자리 잡고 있음을 보여주고 있다. 이러한 흐름은 한국의 국제적인 위상을 높이는 데 기여했을 뿐만 아니라 한국 내에서도 특히 서울의 도시공간과 문화에도 깊은 영향을 미치고 있다. 케이팝이 가져온 세계적인 관심과 문화적 파급력은 서울을 아시아의 대도시에서 벗어나 글로벌 문화 허브로 변화시키고 있다.

글로벌 문화 허브로서 서울의 두드러진 변화는 외국인 관광객 및 거주자 수의 증가다. 미국 출신 유튜버 타일러를 포함한 많은 외국인

서울에서

케이팝을 알린 '강남스타일'
이 노래 이후 케이팝은 본격적으로 전 세계 사람들의 관심을 받기 시작했다.

방송인들이 우리 문화와 일상에 대한 경험을 소개하는 것도 그 관심의 여러 사례 중 하나일 뿐이다. 유튜브 등 영상 플랫폼을 통해서도 케이컬처를 향한 세계인의 관심을 더 확산시키는 콘텐츠가 반향을 일으키고 있다. 서울이 점점 더 외국인들에게 알려지며, 그들이 방문하는 명소 또한 점차 다양화되고 있다. 이전에는 경복궁·덕수궁과 같은 역사적 건물이 있는 종로 일대와 대표 번화가인 강남의 쇼핑문화 중심지가 주요 관광지로 여겨졌지만, 케이팝의 급부상 이후 관광 패턴이 변화하기 시작했다. 팬들은 자신이 좋아하는 아티스트가 머물렀던 공간·춤췄던 거리·소속사의 사옥을 직접 찾고 있으며, 도시 안팎의 장소들이 새로운 의미를 지닌 팬 문화의 성지로 재정의되고 있다. 이러한 공간은 특정 장소에만 국한되지 않고, 주변으로 확장되며 서울의 장소적 의미를 새롭게 정의한다.

케이팝의 공간들은 서울의 문화적 다양성과 도시 매력을 더욱 풍부하게 만든다. 특히 엔터테인먼트 기업의 사옥이 관광 명소로 자리 잡은 현상은 글로벌 도시들 사이에서도 드문 특징 중 하나다. 미국 할

리우드는 영화 및 엔터테인먼트 산업이 밀집된 곳으로 배우의 핸드프린팅, 촬영지 등이 주요 관광지다. 반면, 서울은 사옥과 주변 지역 등 일상적 도시 공간이 케이팝과 연결되어 자연스럽게 주목받고 있다.

케이팝이 지금처럼 세계적인 문화 현상으로 자리 잡기 전까지는 일부 팬층에 국한된 '서브컬처Sub-culture'로 인식하곤 했다. 특히 같은 동아시아 문화권인 일본의 오타쿠 문화와 자주 비교되며, 마니아 중심의 하위문화로 간주되었다. 하지만 케이팝은 오타쿠 문화와는 공간적·사회적 차원에서 뚜렷한 차이를 보인다. 오타쿠 문화가 아키하바라Akihabara·이케부쿠로Ikebukuro와 같은 특정 지역에 집중된 반면, 케이팝은 서울 전역에 걸쳐 확산하며 도시 전체의 문화 지형을 변화시키고 있다. 주요 엔터테인먼트 사옥들이 강남·용산·청담·홍대·마포·성수 등 다양한 지역에서 분산되어 있다는 점은 케이팝 문화를 특정 장소에 한정된 특수한 문화가 아닌 일상 공간 속에서 쉽게 접할 수 있는 주류 문화로 끌어올리는 데 핵심적인 역할을 했다고 볼 수 있다. 이러한 분산 구조는 서울이라는 도시를 하나의 대형 문화 무대로 변모시키고 있으며, 방문객과 시민 모두가 다양한 공간에서 케이팝을 경험하게 한다.

케이팝의 비약적인 성장과 함께 서울의 문화·예술 지형도 더욱 다채로워지고 있다. 공연·전시·예술 체험이 융합된 복합 문화 공간, 이를테면 플랫폼창동61과 노들섬 등은 시민 누구나 일상에서 예술을 향유할 수 있는 열린 무대로 진화하고 있다. 이러한 변화는 물리적 공간의 확장을 넘어 문화·예술이 서울이라는 도시의 일상에 자연스럽게 녹아들도록 하는 데 중대한 역할을 하고 있다. 이처럼 케이팝의 영향

플랫폼창동61

국내 최대 규모의 대중음악 공연장인 서울 아레나의 마중물 프로젝트로 조성된 플랫폼창동61은 2016년 개장한 복합 문화 공간이다. 버려진 61개의 컨테이너를 활용해 설계되었으며, 다양한 음악 장르를 아우를 뿐만 아니라 여러 문화·예술 분야가 함께 성장할 수 있는 기반을 마련하고 있다.

노들섬

2019년 새롭게 개장한 노들섬에는 다양한 공연이 열리고 있다.
음악과 미술이 어우러진 예술 섬으로 조성되어 시민들에게 풍부한 경험을 제공하고 있다.

은 서울의 문화·예술 생태계를 '다핵화'하고 있다. 특정 중심지에만 집중된 인프라는 이제 강북과 강남, 도심과 외곽을 넘나들며 분산되며, 그 과정에서 문화적 다양성과 접근성이 동시에 확대되고 있다. 이는 시민들의 문화적 감수성을 일깨우는 계기인 동시에 서울이라는 도시 전체의 문화 수준을 한층 높이는 데 기여한다. 도시 전체의 문화 수준이 높아지면 케이팝도 그만큼 진화할 것이다. 그리고 이 진화는 다시 서울을 세계 문화의 중심으로 이끌 것이다. 문화는 이렇게 선순환하며 도시를 변화시킬 수 있는 강력한 힘을 가졌다.

(현재) 스트리트 문화는 도시의 공공공간을 어떻게 바꾸는가?

지금 케이팝은 더 이상 콘서트장 안에만 머물지 않는다. 무대는 거리로, 관객석은 광장으로 옮겨졌고, 도시의 공공공간은 점차 스트리트 문화의 생생한 무대로 재편되고 있다. 서울 도심 곳곳, 특히 홍대를 비롯한 공간에서는 자발적인 공연·댄스 경연·버스킹 등 케이팝을 매개로 한 스트리트 문화 행위가 활발히 펼쳐지고 있다. 시민들은 이러한 문화 활동에 자연스럽게 참여하며, 거리 한복판에서 음악과 예술을 함께 즐기고 있다. 케이팝은 이제 서울의 공공공간 활용 방식 자체를 바꾸는 문화적 실천의 촉매다. 공연장이 아닌 일상 속 공간들이 점점 더 함께 만드는 무대로 변모한 것이다.

스트리트 문화는 케이팝이 세계 무대에서 주류 문화가 되기 전부터 존재해 왔다. 그러나 최근 케이팝이 세계적인 문화 콘텐츠로 주목받으며 그 영향력 아래에 있는 스트리트 문화도 대중적 확장성을 갖게 되었다. 대표적으로 '스트릿 우먼 파이터' 등 방송 콘텐츠를 통해 케이팝 기반 커버 댄스·버스킹·댄스 경연을 향한 대중적 관심이 급증했다. 한때 소수만 즐기던 스트리트 문화는, 누구나 체험하고 공유할 수 있는 문화적 일상으로 자리 잡았다. 이러한 문화적 변화는 공연장이라는 물리적 공간의 경계를 허물고, 거리·광장·공원 등 다양한 공공공간을 새로운 문화 무대로 만들고 있다. 예술과 문화가 자유롭게 펼쳐지는 도시 환경이 형성되면서, 공공공간의 개념 또한 통념을 넘어 더욱 유연하고 창의적인 방향으로 재정립되고 있다. 골목·공원·광장 등은 이제 휴식 공간을 넘어 시민들의 문화 활동을 위한 열린 플랫폼으로 진화 중이다. 특히 이러한 환경 속에서 디지털 기술과 시민 참여가 결합하며, 스트리트 문화는 점점 더 실시간 도시 미디어 현상으로 확장되고 있다.

홍대와 같은 스트리트 문화 중심지에서는 젊은이들이 틱톡과 유튜브에 케이팝 댄스 챌린지를 촬영해 올리며 새로운 문화 흐름을 만들어 가고 있다. 이러한 현상은 미디어 기술의 발전과 공공공간의 적극적인 활용이 결합한 결과로, 더욱 다채롭고 역동적인 도시 풍경을 조성한다. 거리에서 펼쳐지는 자발적인 문화 활동은 시민들에게 예상치 못한 문화적 경험을 선사하고, 서울을 보다 개방적이며 역동적인 도시로 변화하는 데 기여한다. 이러한 시민 주도의 문화 실천은 여가 활동을 넘어 도시 구조적 변화를 이끄는 실질적 촉매로 작용하고 있다. 이제는 도시 정책·계획 그리고 공공공간 설계 방식 전반에까지 변화를 촉진하고 있다.

이 같은 변화는 공공공간보다 대규모 아파트 단지와 같은 사유지 개발에 집중해 온 한국 도시계획의 발전 궤적 안에서 더욱 중요한 의미를 지닌다. 공공공간이 부족하면 그 피해는 온전히 시민의 몫이 된다. 시민 간 소통 단절과 공간 불평등, 그리고 녹지 부족으로 인한 신체 및 정신 건강 악화 등의 문제가 뒤따른다. 따라서 공공공간의 확장은 시민들의 삶의 질을 개선하는 핵심 조건이며, 케이팝을 기반한 스트리트 문화는 이러한 확장을 촉진하고 남녀노소 모든 시민 간의 소통을 활발하게 만드는 데 기여할 것이다. 동시에 시민들의 정신 건강에 긍정적인 영향을 주고 일상 속 문화 경험을 풍부하게 만드는, 사회적 치유의 매개체이자 도시의 정체성과 이미지를 구성하는 중요한 문화 자원이 될 것이다.

서울에서

광화문 앞 케이팝 춤을 선보이는 외국인들
이들에게 정해진 무대는 없다. 서울의 도시공간 전체가 케이팝을 위한 열린 플랫폼이다.

더 나아가 케이팝을 기반으로 한 스트리트 문화는 서울의 도시 이미지를 강화하고, 도시 브랜딩을 콘텐츠 중심에서 시민 실천 중심으로 전환하는 계기를 만들어내고 있다. 서울의 거리와 골목을 무대로 한 여러 댄스 커버 영상들을 통해 서울은 세계인에게 문화 창조 도시로 각인되고 있다. 이 흐름은 서울을 더 이상 문화 콘텐츠의 소비지에 머무르게 하지 않는다. 도시는 소비의 공간을 넘어 창조와 실천의 무대로 재편되고 있다. 서울은 이제 무대가 되고, 시민이 주인공이 되는 새로운 도시 문화를 실험하는 중심지다. 그리고 그 생생한 실험의 중심에는 케이팝이 있다.

(미래) 새롭게 정의되고 있는 서울, 어떻게 정의되고 있는가?

서울은 수백 년 동안의 역사를 축적하고 있으며 현대적 감각도 품은 독창적인 도시다. 광화문과 종로 일대의 역사지구는 조선의 도성과 함께 서울의 전통과 정체성을 오늘까지 품고 있다. 이 지역에는 500년이 넘는 역사를 간직한 경복궁을 비롯해 세계문화유산으로 지정된 창덕궁과 창경궁, 서양식 건축 양식도 엿볼 수 있는 덕수궁, 그리고 경복궁 서쪽의 경희궁이 있다. 이처럼 각기 다른 시대적 특성을 지닌 궁궐들이 도심에 둥지를 틀고 있다. 개량 한옥들이 밀집한 북촌과 익선동에서는 한국의 전통 미감이 일상 공간과 어우러진다. 이러한 지역들은 시간을 품은 도시인 서울을 상징한다.

하지만 서울의 문화는 전통에만 머물지 않는다. 시간의 켜가 쌓인 이 도시는 시대 변화에 맞춰 자기의 길을 써 내려가고 있다. 근대화 시기의 건축과 산업 유산이 남아 있는 평창동과 을지로, 최근 '힙 플레이스'로 떠오른 성수동은 서울이 어떻게 변화와 해석을 반복하며 도시를 새롭게 쓰고 있는지 보여준다. 여기에 앞서 말한 케이팝이 더해지며 서울은 더욱 역동적인 표정을 가지게 되었다.

이러한 문화적 감각은 도시의 산업 지형에도 자연히 영향을 미친다. 패션과 뷰티 산업의 흐름을 다시 그려낸다. 케이팝은 이제 음악 장르를 넘어 도시의 얼굴을 바꾸고, 산업을 움직이며, 서울의 감각을 재정의하는 문화 코드다. 특히 성수·압구정·명동 같은 지역은 케이팝을 중심으로 패션과 뷰티의 실시간 흐름이 구현되는 무대로 변모하고 있다. 케이팝 스타들은 글로벌 명품 브랜드와 협업하며 전 세계 대도시의 전광판에 등장하고, 팬들은 그들의 메이크업과 스타일을 그대

현대 건축 사이에 스며든 역사, 덕수궁의 도시 풍경

주변의 현대적 건물들과 어우러져 과거와 현재가 공존하는 도시의 문화적 층위를 보여준다.

DDP 사이로 보이는 동대문 문화의 켜

동대문 일대의 과거와 현재를 상징하는 패션 전문 쇼핑몰 바로 앞에
미래 지향적으로 설계된 DDP가 위치한다. 문화적 기반 위에 세월과 문화를
차곡차곡 쌓아가는, 서울만의 풍경이 여기에 있다.

로 따라 한다. 스타·콘텐츠·팬덤·산업으로 이어지는 이 흐름은 한국의 패션 및 뷰티 산업을 글로벌 소비 시장의 중심으로 끌어올렸다. 실제로 프리미엄 스트리트 브랜드 프라임·젠조 등 유명 브랜드들은 서울을 트렌디한 감성의 도시로 판단하고 성수·한남·청담에 플래그십 매장을 열고 있다. 나아가 서울의 문화적 위상은 패션 산업에서도 확인된다. 다양한 명품 브랜드들은 서울의 랜드마크인 경복궁·잠수교·남산·DDP에서 초대형 패션쇼를 열며 도시의 전통과 현대를 결합한 새로운 감각을 전 세계에 각인시키고 있다.

서울의 변모는 그저 외형의 변화가 아니다. 진정한 변화는 도시를 구성하는 정체성과 감각, 그리고 시민이 문화를 어떻게 실천하는가에서 비롯된다. 지금 서울은 그 어느 때보다 역동적이고 문화적 정체성을 재정의하는 시기를 맞이하고 있다. 마치 20세기 초 파리에 예술가들이 모여 '아름다운 시절'을 창조했듯, 오스틴이 음악 문화를 바탕으로 '제2의 실리콘 밸리'로 떠올랐듯, 오늘날 서울은 케이팝이라는 감각의 언어를 매개로 새로운 문화 혁신의 파고를 만들어 가고 있다. 서울의 거리와 광장은 이제 공연장이 되었고, 세계 각지의 팬들은 소비자를 넘어 콘텐츠의 생산자이자 참여자로 머문다.

하지만 잊지 말아야 사실이 있다. 서울은 오랜 시간 동안 예술·건축·음식·지역 문화가 축적된 도시였다는 것이다. 케이팝은 바로 그 축적 위에 현대적 감각의 에너지를 덧입혔다. 서울은 이제 더 이상 하나의 정체성을 가진 도시가 아니다. 과거와 현대, 전통과 디지털, 한국과 세계가 중첩되고 엮이며, 끊임없이 쓰이고, 확장되고, 재구성되는 유기적인 문화 도시로 거듭나고 있다.

케이팝의 장소화: 문화가 도시에 주는 영향

케이팝은 예술적 표현에 그치지 않는다. 그것은 도시의 서사를 다시 쓰는 언어이자 공간의 감각을 재편하는 도구다. 이제 케이팝은 무대를 넘어 골목과 광장, 시민의 일상으로 스며들고 있다. 자신이 선망하는 스타의 발자취를 따라 움직이는 역동적인 동선, 디지털 플랫폼에 공유되는 수많은 커버댄스 영상, 골목길에서 스스럼없이 춤추는 청년들의 행위는 서울을 하나의 거대한 문화 무대로 확장한다. 서울은 이제 콘텐츠를 전시하는 공간에서 콘텐츠가 실제로 발생하는 장소로 변화하고 있으며, 소비의 도시에서 창조의 도시로 전환되고 있다. 이러한 변화는 도시의 서사와 공간의 감각을 새롭게 구성하는 흐름이자 기존 질서와 위계를 유연하게 재편하는 하나의 문화적 실천이자 장소적 재구성으로 이해할 수 있다.

이 전환은 단기간의 변화에만 머물지 않는다. 스트리트 문화의 확산, 팬 문화 중심 공간의 장소화, 공공공간의 창의적 활용은 새로운 일자리와 산업 생태계를 자극하며, 도시의 산업 및 일자리 구조에도 영향을 미친다. 케이팝은 예술·기술·감성·경제가 만나는 교차점에서 서울을 문화-경제 하이브리드 도시로 이끌고 있다.

결국 케이팝의 장소화는 도시를 예술의 배경으로 삼는 것이 아니라 도시 자체를 하나의 살아 있는 예술로 만들어낸다. 서울은 케이팝을 통해 문화 도시로 성장하고 있으며, 그 여정은 여전히 진행 중이다. 세계 어디에도 없는 감각과 문화가 축적되는 실험의 장이자 문화 장소화가 실현되는 곳, 그곳이 바로 서울이다.

12
절박함의 유산

빨리빨리 문화가 만들어낼 가능성

동행자: 조형래

도시의 형태는 시대의 요구를 반영하며 끊임없이 진화한다.
한때 폐허였던 서울에 스며든 성장의 절박함은 빨리빨리
문화로 자리 잡아 발전의 원동력이 되었다. 모더니즘부터
뉴어바니즘에 이르는 다양한 도시계획 및 설계 패러다임을
빠르게 흡수하고 적용하며, 끊임없이 재창조해 왔다.
이 무형의 유산은 단순한 성장의 속도를 넘어 이제 균형의
시대로 나아가기 위한 도시 실험의 핵심이 되었다.

빨리빨리의 도시

역동성은 한국 사회에서 결코 분리될 수 없는 표현이다. 잦은 외세 침략의 역사, 폭설·폭염·가뭄·태풍으로 이어지는 변화무쌍한 날씨, 그리고 국토의 70%를 차지하는 산악 지형 등 역동적인 자연환경을 고려하면 더 그러하다. 이러한 자연적·역사적 맥락 속에서, 한국 사회는 끊임없이 변화와 적응을 요구받아 왔으며, 이 역동성은 현대 한국 문화에 뿌리 깊게 자리 잡고 있다. 이를 국가 브랜드 슬로건에서도 쉽게 찾아볼 수 있다. 2002년 월드컵 개최 당시 자랑스럽게 선보인 '다이내믹 코리아'가 그 대표적인 예다.

한국인의 역동성을 상징하는 표현으로 '빨리빨리 문화'만큼 두드러진 것이 드물다. 이는 시간적 우위를 점하거나 경쟁력을 확보하기 위해 서두르는 문화로, 사회 전반에 걸쳐 스며 있다. 인터넷 속도·관공서 업무 처리 속도·최근의 코로나 백신 보급 속도까지 한국 사회는 빠름에 대한 자부심을 느껴왔다. 심지어 외국인들 사이에서도 빨리빨리는 한국 문화를 대표하는 단어로 알려져 있다. 우스갯소리로 한국에서 일하는 외국인이 가장 먼저 배우는 말이 빨리빨리라는 이야기가 있을 정도다.

이런 문화는 특히 성장기에 그 힘을 발휘한다. 서울의 급격한 성장은 빨리빨리 문화와 모더니즘 도시계획이 맞물려 이루어졌다. 기능성과 효율성을 강조하는 모더니즘의 철학이 성장과 속도에 대한 한국인의 열망과 맞아떨어졌기 때문이다. 예를 들어 에버니저 하워드Ebenezer Howard·르 코르뷔지에Le Corbusier·클라렌스 페리Clarence Perry·프랭크 로이드 라이트Frank Lloyd Wright를 포함한 모더니즘 건축 및 도시계획가들이 공통으로 주장한 토지 이용 분리·보차 분리·슈퍼 블록·고밀도 주거 빌딩과 같은 콘셉트는 급격한 도시화 시기에 서울 도시계획의 주요 원칙이었다. 이러한 원칙들은 고밀도 주거 공급을 통해 한정된 토지의 인구 수용력을 극대화하고, 기능별 토지 이용 분리를 통해 산업과 물류의 흐름을 원활하게 하며 주거지의 쾌적성을 유지하는 전략으로 구체화되었다. 또한, 보차 분리와 슈퍼 블록 역시 자동차 중심의 교통 체계를 정비하고 보행자의 안전을 지키며, 동시에 공공공간을 확보하기 위한 계획적 대응이었다.

이런 내외부적 영향은 한국 근현대 사회의 성장에 중요한 기반이 되었다. 한국전쟁 이후 우리는 극심한 가난과 전쟁의 상처를 안고 있었다. 절박함은 산업 발전과 경제 성장을 위한 강한 추진력으로 이어졌고, 부족한 자원은 인간의 노동과 기술 경쟁을 촉진시켰다. 특히 베이비부머 세대는 높은 교육열을 바탕으로 '개천에서 용 나는' 경주를 벌였으며, 교육과 직업뿐만 아니라 부동산 투자와 지역 성장 등 다양한 분야에서 우위를 점하려는 속도 중심 문화가 확산했다. 1960년대 이후 심화된 이촌향도와 수도권 집중 현상은 더 많은 기회를 찾기 위한 집단적 추구를 보여준다. 가난이 밑거름으로, 절박함이 추진력이 된 이러한 사회적 현상이 '한강의 기적'으로 불리는 현대의 경제 발전과 도시화의 씨앗이었다는 것을 부정하기 어렵다. 좋든 싫든 한국의 경제와 도시는 가난을 극복하려는 집단적 열망 속에서 성장했다.

물론 모든 것에는 일장일단이 있다. 국가 경제는 신속한 실행 문화와 함께 고도성장을 경험했지만, 그에 따른 부작용도 뒤따랐다. 미시적으로는 1994년 삼풍백화점과 성수대교 붕괴, 2023년 검단 아파

12 절박함의 유산

트 단지 건설 현장 붕괴 같은 사건이 건축의 완성도보다 속도와 상업화에 치중한 결과로 나타났다. 거시적으로는 균형적 국토 개발이란 이상과는 달리 모든 것을 집어삼킨 급속한 수도권화 뒤에는 지방 소멸 문제가 떠오르기 시작했다. 이 모두 빠른 속도에 집중한 나머지 돌다리를 두들겨 보지 못한 결과일 것이다.

오늘날 한국 대다수의 도시는 변화의 기로에 서 있다. 과거의 성장 궤적은 언제까지나 이어지지만은 않는다. 서울의 인구는 꾸준히 감소하고 있으며, 그로 인한 부작용은 피할 수 없는 현실로 다가오고 있다. 이 과도기적 상황은 과거 성장 및 기능 중심적 도시 환경에 대한 재평가를 요구하고 있다.

여기서 이런 질문이 떠오를 수 있다. 과거의 경제와 도시 성장을 견인했던 빨리빨리 문화는 한계에 다다른 한국 사회에 더 이상 빛을 발하지 않는 것인가? 생각해 보면 속도 중심 문화는 단순히 서울의 과거 성장만을 이끈 것이 아니다. 그 기조는 꺾이고 있지만, 여전히 대다수의 시민은 이 문화 속에서 성장한 사람들이기 때문이다. 즉 서울이 미래로 나아가는 과정에서도 이 문화는 중요한 역할을 하게 될 가능성이 크다.

도시설계자와 계획가의 임무는 불확실한 상황 속에서도 새로운 도시적 가능성을 제시하는 것이다. 그렇다면 도시에 뿌려진 절박함의 유산은 무엇인가? 다시 말하자면 저성장 그리고 저출산 시대에서도 빨리빨리 문화가 여전히 도시에 제공하는 긍정적인 특성들은 무엇인가? 이 장에서는 서울을 탐험함으로써 과거와 현재 그리고 미래의 도시를 연결하는 중요한 실마리를 발견하고자 한다.

서울에 남겨진 흡수의 유산

우리는 종종 '모방은 창조의 어머니'라는 말을 하곤 한다. 모방은 경험과 지식이 부족한 사람에게 방향을 일러주는 등대가 되기 때문이다. 또한, 모방 행위 그 자체는 사물에 대한 관찰과 탐구를 장려하며, 이는 새로운 영감과 통찰력의 습득으로 이어져 창조적 열매를 맺게 할 수 있다. 이러한 일련의 과정은 개인의 성장에 있어 효과적인 전략임이 분명하다.

수많은 도시화 과정에서 모방 전략은 각광받아 왔다. 특히 개발 도상국처럼 인구와 경제가 급성장할 때 더욱 그러하다. 개발 도상국의 수많은 도시가 선진 도시들의 계획 및 설계 전략, 그리고 거버넌스 유형을 모방했던 과거는 이를 뒷받침한다. 빨리빨리 문화의 집결지인 서울도 그 예외는 아니다. 지난 반세기 동안 서울의 건축과 도시계획 발전사에서 성장을 위한 모방의 흔적은 곳곳에서 발견된다. 1960년대부터 1990년대까지 서울의 도시 개발은 20세기 초중반 서구 건축과 도시계획을 이끈 모더니즘 독트린을 기반으로 이루어졌다. 그 예로는 1960~1970년대 낙후 지구 정리를 위해 등장한 시민아파트의 고밀도 건축적 실험, 1970~1980년대 강남 개발을 위한 반포 및 잠실 주공아파트 단지 설계에 사용된 독일 바우하우스 건축 원칙, 1980~1990년대 주거지 공급을 위해 개발된 동북 3구(도봉·노원·성북)의 대규모 주거 단지에도 적용된 페리의 근린 구조 계획 개념 등이 있다. 이러한 모방적 도시 개발은 고유의 색채를 형성하는 데에 분명한 한계가 있지만, 백지상태의 기초 개발을 착수할 때는 매우 효과적이었다.

우리나라는 한 세기 만에 후진국, 개발도상국 그리고 선진국을 모두 경험한 몇 안 되는 국가다. 이에 따라 수도 서울은 폐허와 고도성장의 과거를 간직한 국제도시로서의 위상을 지니게 되었다. 물론 기적과 같은 도시 인구 및 경제의 성장, 그에 따른 문화의 성숙을 경험하는 것은 부작용을 동반하기도 했다. 현대 사회에서 대두되는 세대 간 부조화, 경제적 양극화, 철학·인문학을 향한 무관심과 대비되는 경제적 가치에 대한 지나친 집중 등이 그 예가 될 것이다. 그럼에도 속도 중심 문화가 서울의 도시 개발에 남긴 중요한 유산은 무시할 수 없다. 이는 단순히 모방을 통한 도시 발전이 아니라 가난과 절망을 기반으로 한 성장에 대한 집단적 열망이 도시공간에 '흡수'라는 유산을 남겼다는 점에서 의미가 있다.

여기서 '흡수'란 단순한 모방이 아닌 빠르게 변하는 도시 트렌드

서울 서초동

다세대 주택부터 주상복합 아파트까지 켜켜이 쌓인 건축 유형의 집합은
단기간에 폭발적으로 진행된 도시화의 흔적이다.

를 지역 특성에 맞게 수용하고 적용하는 것을 의미한다. 과거 서울의 도시 개발이 모더니즘 도시계획 패턴에 의존했다면, 현대 서울의 도시 개발 방향은 최근 흐름을 적극적으로 수용하고 소화하고 있다. 이러한 흔적은 서울의 여러 장소에서 확인할 수 있다. 예를 들어 동런던과 뉴욕 브루클린을 모티브로 한 성수동과 을지로의 도시공간 재생, 런던 브릭 레인을 모티브로 한 건대와 창동의 컨테이너 상업 공간 활성화 등이 그 대표적인 예다.

높은 '흡수' 능력은 서울의 다양한 공공공간에서도 나타난다. 청계천·서울로 7017·서울숲 등은 도시설계의 패러다임 변화와 도시 환경에 대한 대중의 새로운 요구에 빠르게 대응하여 탄생한 곳들이다. 특히 청계천 복원 사업은 모더니즘 건축가 르 코르뷔지에가 주장한 보차의 효율적인 분리를 상징하던 고가도로를 철거하고, 수변 공간을 시민들에게 돌려준 대표적인 사례다. 기존의 자동차 전용 고가도로를 공원과 보행자 전용 길로 재해석한 서울로 7017 역시 비슷한 맥락에서 교통 구조물과 보행 중심의 공간이 조화롭게 융합된 사례다. 이 프로젝트는 베리 셸턴 Barrie Shelton[41]과 켄 잉 Ken Yeang[42]이 각각 홍콩과 싱가포르의 프로젝트로 보여준 도시 녹지의 다층적 공간 활용을 서울에 실현한 결과물이다. 또한, 상업시설·카페·휴식 공간을 고가도로의 새로운 기능으로 추가함으로써 보행자 친화적이고 다양한 경험을 제공하는 도시공간을 만들어냈다.

물론 이러한 '흡수력'이 항상 긍정적인 결과로 이어지는 것은 아니다. '모방'과 '흡수'의 차이는 선진 사례를 기존 맥락에 변형하여 적용하는 것에 있는데, 모두가 창의적인 해석을 시도하는 것은 아니다.

이러한 성향은 때때로 기존 지역이 가진 역사적·문화적 정체성을 희석시키거나 공간적 혼란을 야기할 수 있다. 예를 들어 서울뿐만 아니라 전국 어디에도 발견할 수 있는 'ㅇ로수길'과 'ㅇ리단길'은 창의적 흡수가 아닌 단순 모방에 불과한 한계점을 드러낸다. 지역의 독특한 맥락을 고려하지 않은 무분별한 모방은 과거의 공간을 사랑했던 일부 시민에게 정체성 혼란이나 소외감을 전달할 수 있다.

그럼에도 빨리빨리 문화는 더 나은 도시 공간에 대한 시민의 요구를 폭발적으로 높였고, 정부가 즉각적으로 트렌드를 수용할 수 있는 씨앗이 된 긍정적 측면을 무시할 수 없다. 이러한 속도와 파급력은 세계화와 인터넷 발달과 결합해 더 가속화되었다. 2002년 이후 이명박·박원순·오세훈 시장으로 이어진 연속적이고 파격적인 공공공간 개발 사업들은 각 결과의 긍정적 혹은 부정적 평가를 떠나 도시가 단순히 '잘 먹고 잘살기'만을 위한 공간이 아닌 소통과 즐거움을 위한 공간이라는 대중의 시선 변화와 그에 따른 요구를 반영한다. 이는 서울이 모더니즘 도시에서 포스트모더니즘·뉴어바니즘·오가니즘 도시로 변화한 증거이기도 하다. 서구 사회에서 이러한 변화가 1920년대부터 1990년대까지 약 70년에 걸쳐 점진적으로 진행되었다면 한국에서는 그 절반도 안 되는 시간 만에 이룩된 것이다. 이러한 장점을 고려할 때, 새로운 흐름을 수용하되 지역 고유의 역사와 문화를 존중하며 익숙한 것과 새로운 것 사이의 균형을 잡는 것이 중요하다.

과감한 도시 실험의 무대

경주마 증후군을 느껴본 적 있는가? 인간은 간절했던 목표에 도달하면 슬럼프에 빠지기 쉽다. 그간의 고통, 그다음 단계를 향한 구체적 비전 및 계획의 부재, 그리고 성취가 동반하는 안정감은 우리를 멈추게 만들 수 있다. 이 멈춤은 때에 따라 우리를 길거나 짧은 슬럼프로 이끈다. 쉼 또는 침체로 표현될 수 있는 이 고리를 끊어내는 것은 무엇일까? 여러 답 중 한 가지 확실한 요소는 강력한 동기부여다.

 도시 역시 결코 다르지 않다. 도시화의 사이클을 고려할 때, 찬란한 성장을 경험한 도시는 침체기를 겪을 수 있기 때문이다. 서울도 같은 궤적을 보여준다. 전쟁을 통해 먼지로 돌아간 서울의 도시화 과정에서 천편일률적 주택공급으로 인한 도시 미관의 질적 하락, 대규모 개발 뒤에 찾아온 젠트리피케이션, 소수의 재벌 기업의 브랜딩으로 빚어진 게이티드 커뮤니티의 만연 등 여러 도시 문제가 발생했지만, 그럼에도 반세기만의 재건과 발전이란 대의적 목표를 달성해 냈다. 서울이 과거 디트로이트나 맨체스터 등 서구의 대도시가 수십 년에 걸쳐 겪었던 쇠퇴와 축소의 뒤안길로 빠지지 않은 것은 적어도 비관적인 상황은 아닐 것이다.

 그러나 지금의 서울은 성장의 끝자락에서 새로운 질문을 마주하고 있다. 과거의 도시 실험이 생존과 효율성에 집중했다면 이제는 지속가능성과 시민의 삶의 질을 중심으로 한 실험이 필요하다. 서울이 더 이상 인구 증가와 대규모 개발에 의존할 수 없는 시대를 맞이한 지금, '속도보다 방향'을 고민해야 할 때다. 앞서 말했듯 슬럼프를 탈출하기 위한 전략이 강력한 동기부여라면 서울의 동력은 무엇이었을까? 나는 그 답을 빨리빨리 문화의 영향으로 바라본다.

속도 중심 문화가 향하는 궁극적 도달점은 성장이 아닌 성공이라는 점에 집중할 필요가 있다. 성장은 주로 인구와 경제 활성화 지표의 상승을 목표로 하지만, 성공은 더 포괄적 의미를 내포한다. 따라서 성공은 인구와 경제 성장에만 국한되지 않고, 시민의 성숙도와 삶의 질, 세계에서의 문화적 파급력·지속가능한 정주 환경·신기술의 도시 적용 등 다양한 방면에서의 복합적 성취를 목표로 한다. 즉 미래 서울의 도전은 '얼마나 빠른가'가 아니라 '얼마나 지속가능하고 혁신적인가'의 문제다. 오늘날 서울은 단순한 경제적 성장이나 인구 밀집이 아니라 시민이 자부심을 느끼고 정주할 수 있는 도시로 변화해야 한다. 이러한 전환이 없다면 서울은 물리적으로는 발전했지만, 정체성은 희미해지는 딜레마에 빠질 수 있다.

다각적 성공을 향한 의지는 과감한 도시 실험의 흔적으로 나타난다. 더 나은 도시 환경을 위한 새로운 아이디어·콘셉트·모델의 시도가 그 예다. 서울시 도시계획의 비전이 단순한 성장에서 벗어나고자 하는 의지는 이러한 흔적을 보여준다. 최근 발표된 '2040 서울도시기본계획'은 도시의 장기적 인구 축소 가능성을 과감히 수용하고, 남겨진 시민들의 삶의 질 향상을 위해 효율적인 공공시설과 서비스의 관리 및 분배를 추구한다. 이는 단순한 정책 문서가 아니다. 성장 중심 패러다임에서 '삶의 질' 중심 패러다임으로의 전환을 공식화하는 선언이다. 기존의 도시설계가 양적 팽창과 경제 활성화에 집중했다면 이제는 도시가 시민들에게 제공하는 경험과 일상적 만족도가 중요해지고 있다. 이 계획에는 "시민 삶의 질을 향상시키고 서울시의 지속가능한

마포 문화비축기지의 도시 재생 실험
과거 도시의 연료를 저장하던 공간이 이제는 시민들의 창의적 에너지를 저장하는 곳이 되었다.
마포 문화비축기지는 공간의 물리적 변화를 넘어 새로운 사회적 가치를
창출하는 도시 재생의 혁신적 모델을 제시한다.

발전을 위한 정책 방향을 제시한다."라는 내용이 기술되어 있다. 디지털 전환·팬데믹·인구 변화 등에 대비해 7대 공간 목표를 설정하고, 부문별 전략 계획을 통해 실효성 있는 계획 체계를 개선했다. 기존의 모방과 흡수를 통한 서울의 성장이 그 경로를 다각화한 것이다.

    이러한 도시 적정화 계획은 인구 감소가 예상되는 미래 도시에서 인프라와 공공시설을 효율적으로 활용하는 데에 초점을 맞춰 지속가능한 서울의 발전을 도모하고 있다. 예를 들어 과거 산업 시설이나 낙후된 공공건물을 문화·예술 공간이나 창업 지원 시설로 전환하여 도

시 축소 현상에 따른 공실 문제를 해결하고 있다. 이러한 사례 중 하나가 '마포 문화비축기지'다. 이곳은 과거 석유 비축기지를 문화 공간으로 탈바꿈시킨 프로젝트로, 기존 시설을 재활용해 지역 주민들을 위한 복합 문화 공간으로 재구성한 것이다. 또한, 폐선 용지를 녹지 공간으로 전환해 지역 커뮤니티를 활성화한 '경의선숲길' 프로젝트 역시 도시 적정화의 일환으로 진행된 대표적인 사례다. 과거 산업 유산이 버려지는 대신 새로운 의미를 부여받아 시민들에게 환원되는 것은 단순한 공간 재생이 아니다. 이는 도시가 기억을 보존하는 방식이자 새로운 시대를 위한 적응의 과정이다.

　서울의 교통 인프라 역시 지속가능한 도시 미래를 위한 과감한 실험의 공간 중 하나다. 빨리빨리 문화가 추구하는 속도와 효율성은 도시의 설계와 운영에서 신속한 의사 결정과 실행을 가능케 했다. 대표적인 예가 대중교통 중심 개발TOD의 성공적인 적용이다. TOD는 도심과 교외를 잇는 주요 거점에 대중교통 시설을 중심으로 주거·상업·업무 공간을 집중시키는 방식이다. 서울은 급속히 증가하는 도시의 밀도와 교통 수요에 대응하기 위해 빠르게 TOD를 도입했다. 이를 통해 지하철역과 버스 환승센터를 중심으로 한 복합적 도시 개발을 실현했다. TOD 시스템은 단순한 교통 효율성이 아니라 도시의 생활 방식을 재편하는 개념이다. 이동성이 개선될수록 도시는 사람 중심의 공간으로 변화하며, 대중교통 중심의 도시 구조는 공간을 보다 효율적이고 지속가능하게 만들기 때문이다.

　스마트 교통카드와 환승 시스템의 도입 역시 주목할 만한 사례다. 뉴어바니즘에서 제시하는 '네트워크 도시' 개념을 적용해 지하철·

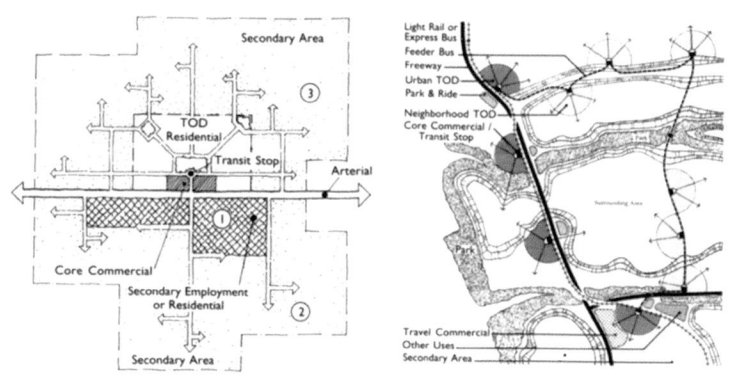

칼소르페의 TOD 시스템
주차장·지하철역·버스 정류장 등 교통수단들 간의 연결성을 높인
편리한 환승 체계는 시민들의 대중교통 이용률을 높일 수 있다.

버스·자전거 등 다양한 교통수단을 하나의 체계로 통합했다. 이를 통해 시민들의 대중교통 이용을 촉진하고 도심 교통 혼잡을 완화했다. 세계 주요 도시들이 스마트 교통카드를 도입하는 데 수십 년이 걸렸지만, 서울은 2004년에 이미 스마트 교통카드 시스템을 전면 도입해 지하철과 버스 간의 편리한 환승을 가능하게 했다. 이는 도쿄나 파리 등 다른 대도시보다도 훨씬 이른 시기에 시행된 것이다.

도시 실험의 또 다른 예는 스마트 시티에서 찾을 수 있다. 비록 학자와 실무자들 사이에서 스마트 시티의 정의와 적용 범위에 대한 논란이 있지만, 일반적으로 이 개념은 사물 인터넷[IoT]·빅데이터·5G 기술·인공지능 등 첨단 기술을 활용하여 도시 기반 시설·서비스·거버넌스 등 도시의 계획·설계·관리의 효율성을 높이는 도시계획 모델을 의미한다. 2008년 스마트 시티의 개념이 IBM으로부터 제안된 이후,

서울은 세계에서 가장 빠르고 활발하게 이 실험을 진행한 도시 중 하나로 발전했다. 그 흔적은 주거 공간·외부 공간·교통 등 다양한 규모와 형태로 나타났다. 2011년 완공된 은평 U-City 스마트타운은 주거 공간과 단지에 ICT 기술이 접목된 최초의 사례 중 하나다. 주민들은 위치 확인 서비스·웹 포털·홈 정보 제공·지능형 방범 혹은 주정차 단속 CCTV·첨단 복합 가로·전자 도서관 등 다양한 기술을 활용하여 다양한 생활편의를 누릴 수 있었다. 현재의 관점에서 볼 때, 아파트 공화국인 한국의 주거 환경에서 첨단 기술의 적극적 활용은 그리 놀라운 일이 아닐 수 있다. 역설적으로 말하자면 이는 스마트 기술 도입이 그만큼 과감하게 시행되었다는 것을 의미한다.

스마트 시티 실험의 흔적은 상업지구에서도 찾을 수 있다. 상암 DMC 지역이 그 예다. 쓰레기 소각장이었던 난지도를 미디어 시티로 재개발한 이곳은, 디지털 사이니지가 적극적으로 설치되어 있다. 이는 5G와 사물 인터넷 기술이 디스플레이 스크린을 통해 영상과 정보를 제공하는 도시 인프라다. 신논현역과 강남역을 잇는 강남대로에 설치된 미디어폴 역시 이러한 디지털 사이니지의 일종이다. 이러한 도시 인프라는 보행자가 길을 찾는 데 도움을 줄 뿐만 아니라 거리 사진 촬영 및 인터넷 이용 등 다양한 경험과 즐길 거리를 제공한다. 궁극적으로 보행자에게 즐거움을 줄 수 있다. 또한, 지역의 첨단 이미지를 형성하고 홍보하는 데에 효과적으로 활용될 수 있다.

도시 인프라에 사물 인터넷망을 설치하는 이점은 결코 단편적이지 않다. 공간과 인터넷의 접목은 다른 첨단 기술 상용화의 초석이 될 수 있다. 하나의 예는 자율주행과 같은 차세대 교통 기술의 활성화다.

서울에서

강남대로 미디어 폴의 공공 커뮤니케이션 실험
단순한 광고판을 넘어 도시의 정보를 디자인하는 강남대로 미디어 폴. 교통·날씨·공공안전 정보가 실시간으로 제공되며, 이는 스마트 시티로 진화하는 서울의 변화를 상징한다.

상암 DMC 지역을 예로 들면 사물 인터넷 인프라는 지능형 교통 시스템C-ITS의 구축을 위한 기반이 되었고, 이를 통해 자율주행 자동차 운행이 가능해졌다. 2022년 이후 상암동을 순환하는 상암A01·상암A02·상암A03·상암A21 등 자율주행 버스들은 서울시의 과감한 도시 실험을 증명한다. 이는 세계 최초 중 하나로 홍보된 스코틀랜드 에든버러 외곽에서 운행하는 자율주행 버스보다 1년 앞선 것이다. 서울시는 이러한 경험을 바탕으로 청계천과 강남·서초 지역까지 자율주행 서비스를 확장하고 있으며, 심야 시간대 운영과 무료 탑승 도입을 통해 교통 소외계층과 시민들의 이동 편의성을 더욱 높이고 있다. 이 같은 실험적 접근은 자율주행 기술이 단순한 교통 혁신을 넘어 이동권 개선과

청계천 자율주행 버스(상), 심야 자율주행 택시(중), 세계 최초 심야 자율주행 버스(하)
도심 곳곳을 누비는 심야 자율주행 택시는 택시 수급 불균형 문제를 해소하는 동시에 향후 모빌리티 혁신이 가져올 도시 구조 변화를 가늠할 수 있는 모델이다.

사회적 형평성을 증진하는 역할을 할 수 있음을 보여준다.

교통 기술의 발전은 도시 형태에 대대적인 변화를 불러올 것이다. 과거 도시가 마차와 보행 중심이었다가 19세기 자동차 상용화로 완전히 변모했던 것처럼 말이다. 자율주행 역시 마찬가지다. 곧 상용화될 5단계 이상의 자율주행 기술은 도시의 주차장 수와 형태, 도로 차선의 수와 폭, 더 나아가 이용자의 생활 방식에 큰 변화를 가져올 것이다. 다양한 도시 실험을 통한 데이터의 축적은 불확실한 미래를 탄력적으로 대응할 수 있게 하는 확실한 자산이다. 자율주행차의 확산은 차량 공유 시스템과 연계되어 개인 소유 차량의 필요성을 줄이고, 이는 도심 내 주차 공간을 녹지나 보행 공간으로 전환할 기회를 제공한다. 또한, 정밀한 차량 흐름 관리가 가능해지면서 도로 폭을 줄이고 보행 친화적 도시설계가 더 활성화될 가능성이 크다. 이처럼 자율주행 기술은 도시의 공간 활용과 환경적 지속가능성에도 기여할 수 있는 중요한 전환점이 될 것이다.

절박함의 유산이 만들어 갈 서울의 내일

빨리빨리 문화는 서울의 도시화 과정에서 강력한 유산을 남겼다. 단순한 성장 지향이 아닌 성공을 향한 열망은 서울을 끊임없이 변화하고 실험하는 공간으로 만들었다. 그러나 이제 그 문화는 새로운 방향으로 나아가야 할 시점에 와 있다. 과거의 절박함과 속도는 지금의 서울을 만들어냈지만, 저성장과 인구 감소의 현실 속에서 이제는 단순한 모방만으로는 장밋빛 미래를 보장할 수 없다. 이제는 과거 성장을 가능하게 한 그 에너지와 정신을 새로운 시대에 맞게 재해석하고 적용해야 할 때다.

도시설계자와 계획가의 임무는 이 과도기에 희망과 비전을 제시하는 것이다. 속도 중심 문화는 단순 속도 경쟁에 머물지 않고, 다른 문화를 배우고자 하는 흡수력과 과감한 실험 정신으로 이어져 변화하는 도시 환경을 주도해 왔다. 이 문화가 가진 힘은 결코 사라져야 할 것이 아니라 방향 조정이 필요할 뿐이다. 앞으로의 도시에서 빨리빨리 문화는 지속가능성과 삶의 질 향상에 초점을 맞춘 추진력이 되어야 한다. 스마트 시티·공공공간 재생·교통 인프라 혁신 등의 다양한 도시 실험은 그 방향성을 보여주고 있다. 이러한 실험은 단순한 기술 도입이 아닌 서울이 어떻게 과거의 절박함을 미래의 가능성으로 전환할 수 있는지에 대한 증명이다.

서울의 미래는 단순히 빠른 성장에 달려 있지 않다. 오히려 변화와 혁신을 지속하는 도시의 생명력, 그리고 시민들이 미래에 적극적으로 참여하고 그 안에서 자신만의 공간을 만들어 가는 주체적 의식에 달려 있다. 더 나은 도시를 향한 과감한 실험이 계속되는 한 빨리빨리 문화는 속도 그 자체를 넘어서 새로운 시대의 도시를 견인하는 긍정적인 동력으로 남을 것이다. 이제는 속도에 담긴 방향성과 실천 의지를 숙고해야 한다. 과거에 절박함이 발전을 이끌었다면 이제는 그 절박함을 통해 미래를 만들어내는 데 집중해야 한다. 이러한 변화만이 도시를 진정한 성공의 무대로 만들 것이다.

맺음말
유토피아는 '완성된' 공간이 아닌 '만들어 가는' 공간이다

빛은 어둠이 깊을수록 더욱 환하게 빛난다. 도시민의 삶은 자연재해·전쟁·전염병과 같은 거시적 위기부터 매일 마주하는 경쟁과 치열함이라는 미시적 도전까지 끊임없이 어둠과 대면하고 있다. 그러나 이 모든 어둠 속에서도 도시는 여전히 무수한 가능성과 도전이 뒤섞인 빛의 장소로 존재한다. 바로 그 희망의 빛을 찾아내는 일이야말로 도시의 일원으로서 우리가 가져야 할 사명이다. 혼돈과 불확실성 속에서 빛을 발하는 순간들을 포착하고, 이를 미래 도시를 위한 나침반으로 삼아야 한다. 도시가 완벽하지 않다면 우리는 도시를 어떻게 만들어 가야 하는가? 이 질문은 우리가 지금까지 탐구한 '빛'의 본질이다.

이 책은 런던·오스틴·코펜하겐·서울이라는 네 도시에서 발견한 고유한 빛을 통해 이상적인 도시를 향한 여정을 기록하였다. 각 도시가 가진 특성과 통찰을 통해 도시가 어떻게 빛과 어둠 사이에서 균형을 찾고 시민들에게 희망의 공간이 될 수 있는지를 탐구했다.

런던: 감정과 경험을 담아내는 도시

도시는 단순한 공간의 집합이 아니다. 그 안에는 수많은 이야기가 흐르고, 감정이 머물며, 시간이 쌓인다. 따라서 도시설계는 단순한 배치의 기술이 아니라 삶을 담아내고 경험을 조직하는 예술이어야 한다. 런던은 이를 가장 잘 보여주는 도시로, 단순한 건물과 거리의 집합이 아니라 시민들의 감정과 경험을 풍요롭게 하는 매개체로 작동한다. 도시 구조와 랜드마크의 배치는 시민들이 일상을 탐험하듯 경험하도록 유도하며, 유연한 공공공간은 머무름과 이동 사이에서 균형을 형성한다. 이러한 요소들이 조화롭게 얽혀 있을 때, 사람들은 도시 안에서 자신만의 길을 발견하고, 공간과 관계를 맺으며, 의미를 만들어 간다. 건축물 간의 조화와 녹지 공간의 분배는 미적 완성도를 높이는 동시에 구성원들을 유기적으로 연결하며 도시의 활력을 창출하는 데에 기여한다. 이렇게 얽히고 융합된 요소들은 런던이라는 도시를 단순한 공간이 아니라 즐거움·조화로움·자부심이라는 3가지 핵심 가치로 압축된 거대한 예술작품으로 완성시킨다. 그러나 이러한 도시적 가치는 단순히 설계만으로 구현될 수 없다. 진정한 생명력을 지닌 도시는 그 안에서 사람들이 의미를 발견하고 경험을 축적하며, 감정을 공유하면 비로소 완성된다. 거리를 걷는 사람들의 발걸음과 시선, 공원에서 오가는 대화의 리듬, 그리고 익숙하면서도 새로운 풍경들이 축적될 때, 도시는 단순한 배경이 아니라 시민의 감성과 상호작용을 하는 공간으로 거듭날 수 있을 것이다.

오스틴: 삶·정체성·공동체가 어우러지는 도시

이상적인 도시는 사람들이 자연스럽게 애정을 갖고 머물고 싶어 하는 공간이다. 오스틴은 획일화된 도시 모델을 탈피하여 이상함이라는 독특한 개성을 도시 정체성으로 확립했고, 이러한 개성이 반영된 도시 공간에서 생겨난 유대감을 통해 주민들이 서로 연결된 활력 있는 공동체를 구축했다. 또한, 오스틴은 기업 환경·대학·문화가 조화를 이루는 정주 환경을 성공적으로 구현하여 주민들에게 단순한 거주지를 넘어 삶의 터전으로 자리매김하고 있다. 오스틴의 사례는 도시가 기능적으로 효율적인 공간을 넘어 주민들의 정서와 정체성이 뿌리내릴 수 있는 환경을 조성해야 진정으로 지속가능하고 사랑받는 곳이 될 수 있음을 보여준다.

코펜하겐: 대담한 비전과 시대적 도전

도시는 오늘을 위한 공간인 동시에 내일을 설계하는 장소다. 코펜하겐은 도시가 현재의 문제를 해결하는 데 그치지 않고, 미래를 위한 새로운 기준과 비전을 제안해야 한다는 점을 시사한다. 특히 공적 공간에서 시민 개개인의 소중하지만 확실한 행복을 보장하는 '휘게 공간'을 조성하여, 누구나 자유롭고 평등하게 삶의 질을 누릴 수 있는 환경을 마련했다. 또한, '우리는 모두 평등하다'는 철학을 바탕으로 한 얀테의 법칙에 따라 항구 재개발을 진행하며, 공적 공간을 모든 사람을 위한 포용적 공간으로 탈바꿈시켰다. 무엇보다 코펜하겐은 기후 변화와 같은 범지구적 위기에 대응하기 위해 도시 차원에서 대담한 해법을 제시하며, 미래 세대를 위한 과감한 기준을 만들어 가고 있다. 코펜하겐의 빛은 시민들이 일상에서 당연히 누려야 할 행복을 가로막는 사회적·경제적 불평등 등 현대 사회가 직면한 복합적 문제를 해결하려는 노력으로 확장되었다. 동시에 전 세계 도시들이 직면한 기후 위기에 맞서며, 시민들의 행복과 높은 삶의 질을 보장하는 도시설계의 가능성을 구체화했다. 이는 현시대와 미래 세대 모두 고려하는 모델로 도시설계의 새로운 가능성을 제시하고 있다.

서울: 문화와 기억으로 완성되는 유토피아

서울은 끊임없이 적응하고 재구성되는 도시다. 세대가 바뀌며 공간의 쓰임과 정체성이 변화하고, 그 과정에서 새로운 공동체 정신과 창조적 에너지가 축적된다. 즉 서울의 변화는 단순한 물리적 개편이 아니라 도시를 지속적으로 진화시키는 핵심 개념이 새롭게 정의되고 형성되는 과정이다. 이를 단적으로 보여주는 것이 빠른 성장에 대한 절박함에서 비롯된 '빨리빨리' 문화다. 이는 단순한 조급함이 아니라 불확실한 미래를 극복하려는 우리만의 생존 방식이자 도시공간의 유연성과 실험적 성격을 강화하는 원동력이다. 도시는 문화를 따라 진화하며, 이러한 변화는 단순한 적응이 아니라 끊임없는 실험과 조정을 통해 지속가능성을 확보하는 자산이 된다. 결국 유토피아적 도시는 정해진 목표를 향해 나아가는 것이 아니라 변화와 실험을 수용하는 문화적 역량 속에서 끊임없이 재구성되는 것이다.

네 도시에서 배운 빛은 혼돈의 현대 사회에서 도시가 나아갈 길을 비추는 촛불과 같다. 각 도시가 지닌 고유한 빛은 우리에게 도시의 무한한 가능성을 증명해 준다. 물론 다른 도시들도 그들만의 빛을 지니고 있을 것이다. 모든 개인이 각자의 도시에서 그들만의 가치를 찾는다면 그 빛들이 모여 삶을 더욱 밝게 비추고, 도시의 진정한 잠재력을 발현할 수 있다. 우리는 사회의 구성원이자 이 도시의 주인이다. 그렇기에 이 빛을 따라 유토피아적 꿈을 현실로 만들어 가는 길을 계속 걸어가야 할 소명을 지니고 있다. 따라서 시민들이 도시의 주체로 참여할 수 있는 열린 기회를 만들어 나가는 것이 무엇보다 중요하다.

　도시학자 혹은 일반 시민이 꿈꾸는 '유토피아', 즉 '이상'이라는 단어는 거창해 보이지만, 그 본질은 오히려 단순할 수 있다. 이상은 어떤 복잡한 조건들을 모두 충족시키는 것이 아니라 꿈꾸는 것에서 출발하기 때문이다. 따라서 이상이란 특정한 목표를 향해 나아가고, 문제를 해결하며, 더 나은 상태를 만드는 과정이다. 그런 공간을 만들기 위해서는 건축과 자연환경뿐만 아니라 사회적·문화적·경제적 측면, 그리고 종교·인종·성별·계층의 문제까지도 다각적으로 통합해 접근해야 한다.

　도시설계와 계획은 단순히 구조와 형태를 다루는 작업이 아닌 도시 구성원들의 마음과 삶을 담는 그릇을 만드는 일이다. 우리도 항상 완벽할 수 없듯, 도시도 늘 미완성의 복합체일 수밖에 없다. 그러나 그 불완전함 속에서 더 나은 방향을 모색하고, 가능성을 발견할 수 있다. 이 미완성의 상태를 인정할 때, 비로소 끊임없는 변화와 발전을 추구할 수 있으며, 시민들이 꿈꾸고 상상할 수 있는 여지를 만들어 갈 수 있을 것이다. 유토피아는 어디에도 없지만, 동시에 어디에나 있을 수 있다. 그것은 도시를 살아가는 우리가 어떻게 만들어 가느냐에 달려 있다. 이것이 우리가 나아가야 할 방향이다.

참고문헌

런던에서

1 LaClair, K. (2019). TEA/AECOM 2019 Theme Index and Museum Index: The Global Attractions Attendance Report. T. E. A. (TEA).

2 Milman, A. (2009). Evaluating the guest experience at theme parks: an empirical investigation of key attributes. International Journal of Tourism Research, 11(4), 373–387.

3 O'Hare, M. (2018). Most visited: World's top cities for tourism. CNN.

4 Sitte, C. (1909). Der Städtebau nach seinen künstlerischen Grundsätzen: Ein Beitrag zur Lösung moderner Fragen der Architektur und monumentalen Plastik unter besonderer Beziehung auf Wien. K. Graeser.

5 Alexander, C. (1966). A city is not a tree. In: Design Council.

6 Lynch, K. (1964). The image of the city. MIT press.

7 Cullen, G. (2012). Concise townscape. Routledge.

8 Jagodzinski, K. (2024). Brand Finance Global City Index 2024: London is world's top city brand for second consecutive year. Retrieved from https://brandfinance.com/insights/london-is-worlds-top-city-brand-for-second-consecutive-year

9 Jacobs, J. (1992). The death and life of great American cities. 1961. New York: Vintage, 321–325.

10 Cho, H. R., Kim, S., & Lee, J. S. (2022). Spaces eliciting negative and positive emotions in shrinking neighbourhoods: a study in seoul, South Korea, using EEG (electroencephalography). Journal of Urban Health, 99(2), 245–259.

11 Lynch, K. (1964). The image of the city. MIT press.

오스틴에서

12 Relph, E. (1976). Place and placelessness. Pion.

13 Koolhaas, R. (1995). The Generic City. In R. Koolhaas & B. Mau, S, M, L, XL (pp. 1238-1264). Monacelli Press.

14 Venturi, R., Scott Brown, D., & Izenour, S. (1972). Learning from Las Vegas: The Forgotten Symbolism of Architectural Form. MIT Press.

15 Harvey, D. (1989). The condition of postmodernity: An enquiry into the origins of cultural change. Blackwell.

16 U.S. Census Bureau. (2020). Racial and Ethnic Diversity in the United States: 2010 and 2020 Census. Retrieved from https://www.census.gov/library/visualizations/interactive/racial-and-ethnic-diversity-in-the-united-states-2010-and-2020-census.html

17 Gordon, M. M. (1964). Assimilation in American life: The role of race, religion, and national origins. Oxford University Press.

18 Oldenburg, R. (1989). The Great Good Place: Cafes, Coffee Shops, Bookstores, Bars, Hair Salons, and Other Hangouts at the Heart of a Community. Paragon House

19 Glass, R. (1964). London: Aspects of change. Centre for Urban Studies, MacGibbon & Kee.

20 Calthorpe, P. (1993). The next American metropolis: Ecology, community, and the American dream. Princeton Architectural Press.

21 Duany, A., Plater-Zyberk, E., & Speck, J. (2000). Suburban nation: The rise of sprawl and the decline of the American dream. North Point Press.

22 Texas Legislature. (1987). Act of June 16, 1987, 70th Legislature, Regular Session, ch. 374 (House Bill 4). 1987 Texas General Laws 1823-1839.

23 City of Austin. (2012). Imagine Austin Comprehensive Plan. Retrieved from https://www.austintexas.gov/sites/default/files/files/Planning/ImagineAustin/webiacpreduced.pdf

24 Florida, R. (2002). The Rise of the Creative Class: And How It's Transforming Work, Leisure, Community, and Everyday Life. New York: Basic Books.

25 Capital Factory. (n.d.). About Capital Factory. Retrieved March 9, 2025, from https://www.capitalfactory.com

26 Austin Technology Council. (2024). About ATC: Connecting tech leaders in Austin. Retrieved from https://www.austintechnologycouncil.org

27 Zillow. (2025). Home prices & trends. Zillow Research. Retrieved from https://www.zillow.com/home-values

28 Bureau of Business Research, IC^2 Institute, University of Texas at Austin. (2006). Impact assessment of the State of Texas Advanced Research Program, 1987-2006. https://senate.texas.gov

29 Saxenian, A. L. (1990). Regional networks and the resurgence of Silicon Valley. California Management Review, 33(1), 89-112.

30 Brooks, A. C., & Kushner, R. J. (2001). Cultural districts and urban development. International Journal of Arts Management, 3(2), 4-15.

31 Kim, D., Lee, J. S., & Kim, S. (2024). The role of cultural amenities in cities for employment growth of industrial clusters: Evidence from a panel VAR model. International Journal of Urban Sciences. https://doi.org/10.1080/12265934.2024.2382708

코펜하겐에서

32 Wiking, M. (2016). The little book of Hygge. Penguin Random House UK.

33 Lee N. (2022) Third Place and Psychological Well-Being: The Psychological Benefits of Eating and Drinking Places for University Students in Southern California, USA. Cities 131: 1-13.

34 Adelfio, M. et al. (2021). Translating 'New Compactism', Circulation of Knowledge and Local Mutations: Copenhagen's Sydhavn as a Case Study. International Planning Studies. 1-23.

35 Roasado, R. (2024). Denmark generates a larger share of its electricity from wind than any other country. Our World in Data. Retrieved from https://ourworldindata.org/data-insights/denmarks-electricity-has-a-larger-share-of-wind-power-than-any-other-country?utm_source=chatgpt.com.

서울에서

36 United Nations. (2020). Corruption and economic crime. https://dataunodc.un.org/dp-crime-corruption-offences

37 엄호식. (2022, June 28). 국내 공공 CCTV 설치·운영 가이드라인과 해외 규제현황 길라잡이. 보안뉴스. https://www.boannews.com/media/view.asp?idx=107850&kind=3

38 국민안전처, & 경찰청. (2014). CCTV 설치 지역에서의 범죄 감소 효과 분석. 대한민국 정부. Retrieved from https://korea.kr/briefing/pressReleaseView.do?newsId=156075735

39 Jacobs, J. (1992). The death and life of great American cities. Vintage Books.

40 White, W. H. (1980). The Social Life of Small Urban Spaces. Project for Public Spaces.

41 Shelton, B., Karakiewicz, J., & Kvan, T. (2013). The making of Hong Kong: from vertical to volumetric. Routledge.

42 Yeang, K. (2006). A vertical theory of urban design. In Urban design futures (pp. 153-158). Routledge.

이미지 출처

런던에서

P.21	Cvorobek. (2022). Disneyland Resort map. https://www.flickr.com/photos/cdorobek/
P.22	Google map. (2025). London.
P.25	(상) Alexander, C. (1966). A city is not a tree. In: Design Council.
P.25	(하) 조형래. (2012).
P.28	조형래. (2024).
P.29	Cullen, G. (2012). Concise townscape. Routledge.
P.30	조형래. (2014).
P.31	(상) 조형래. (2010).
P.31	(하) 조형래. (2024).
P.33	조형래. (2015).
P.34	조형래. (2024).
P.35	English Heritage. (n.d.). London's blue plaques. https://www.english-heritage.org.uk/visit/blue-plaques/
P.36	Mayor of London. (n.d.). Fourth Plinth: past commissions. https://www.london.gov.uk/programmes-strategies/arts-and-culture/current-culture-projects/fourth-plinth-trafalgar-square/fourth-plinth-past-commissions
P.39	Franganillo J. (2017). London: Borough Market. https://www.flickr.com/photos/franganillo/
P.44	조형래. (2024).
P.47	(상) 조형래. (2013).
P.47	(중) 조형래. (2014).
P.47	(하) 조형래. (2014).
P.50	Open Street Map. (2024). Maps of London and Seoul.
P.52	(상) 조형래. (2011).
P.52	(하) 조형래. (2015).
P.53	조형래. (2024).
P.54	(상) 조형래. (2024).

P.54   (하) 조형래. (2014).
P.56   조형래. (2024).
P.65   조형래. (2024).
P.68   조형래. (2024).

오스틴에서

P.79   Congress Public Improvement District. (n.d.). https://visitsoco.com/
P.82   Chun-Hung Eric Cheng. (2009). https://www.flickr.com/photos/focusc/3845649409
P.83   Nick Amoscato. (2018). https://www.flickr.com/photos/namoscato/43388824172/in/photolist-7Etwoq-thimk8-29784Mo-67y6pk-2ndcK9o
P.84   Philip Kromer. (2005). https://flic.kr/p/MGRM
P.85   (상) Matthew Oliphant. (2011).https://flic.kr/p/9q4RyP
P.85   (하) Bex Walton. (2018). https://www.flickr.com/photos/bexwalton/40441347842
P.86   Benovic-Bradley, Carol. (2022). https://www.flickr.com/photos/cabb88/52020577784
P.88   Jill Shih. (2007). https://flic.kr/p/R5sX1
P.93   Larry D. Moore. (2018). https://commons.wikimedia.org/wiki/File:East_Austin_Gentrification_Holly_St_2018.jpg#Licensing
P.97   (상) Elliott Brown. (n.d.). https://flic.kr/p/bLxFGB
P.97   (하) Steve. (2014). https://flic.kr/p/kT9ZRk
P.106 College Houses. (n.d.). https://collegehouses.org/houses/
P.110 Tomek Baginski. (2018a). https://unsplash.com/photos/zjrAEvnynm8
P.113 Google. (2024). https://www.google.com/maps
P.115 Tomek Baginski. (2018b). https://unsplash.com/photos/2g7CAh4jzeY
P.116 Save Our Springs Alliance. (n.d.). https://www.sosalliance.org/30th-anniversary.html
P.122 KBaucherel. (2016). https://pixabay.com/ko/photos/%EC%98%A4%EC%8A%A4%ED%8B%B4-%ED%85%8D%EC%82%AC%EC%8A%A4-%EC%98%A4%EC%8A%A4%ED%8B%B4-%ED%85%8D%EC%82%AC%EC%8A%A4-1756159/
P.131 Plougmann, L. (2013). https://www.flickr.com/photos/criminalintent/10349925624/
P.133 (상) Librarygroover. (2008). https://flic.kr/p/4Gej9f
P.133 (하) Gary J. Wood. (2010). https://flic.kr/p/7WcUGi

P.136　(상) sbmeaper1. (2021). https://flic.kr/p/2mxcsHs

P.136　(하) Herve. (2020). https://unsplash.com/photos/9vjbWGFLLT0

코펜하겐에서

P.143　ArcDaily. (2024). https://www.archdaily.com/986501/how-copenhagen-is-designed-for-delight/62ea5494c30fce6c08974f1b-how-copenhagen-is-designed-for-delight-image

P.144　Jo Bell Whitlatch. (2023). https://www.flickr.com/photos/194401762@N04/53261926579/in/photolist-2ppTGur-2ppzUNL-2p9zi9X-2p74Hqc-2p7b4Kf-2p4S3um-2p4Sruq-2p4KYbs-2p4nTv4-2p4tXaC-2p4umsk-2p4uXN6-2p4uXxS-2oWz8Qp-2oWx53E-2oWu2pL-2oVMLwA-2oTLibm-2oTRGR3-2oTRGQM-2oTRecC-2oTLibr-2oTLfNF-2oTREw3-2oTREwD-2oTREwJ-2oPYqEP-2oPQjkv-2oPMM5F-2obei18-2o8JTkg-2o8Q57C-2o8MoSn-2o8NJUc-2o8NJTv-2o8JTg8-2o3hVej-2nVqhQk-2nSFLPi-2nTksdg-2nRosK4-2nNPkXK-2nEiAMv-2nEjELm-2nEhbS5-2nEjEmZ-2nEhcyC-2nEcajm-2nEjDWW-2nEhc51/

P.146　Google map. (2025). Apple map.

P.147　Google map. (2025). Apple map.

P.148　(좌) Google map. (2025). Apple map.

P.148　(우) cjreddaway. (2012). https://www.flickr.com/photos/61614216@N02/7146248209/in/photolist-7zmDvJ-bTuoC2-7ZhZny-bTuojD-bTup1p-bTuoD2-7yRaQT-bTunWD-bTupiM-7bbicb-8vo436-7yXN3H-2j1MhNx-6ZCcpo-ejPSZ2-ejVDwj-3oPwUD-ejPTC6-ejPT3x-ejPTgB-ejPSAM-ejVDbQ-ejPSN8-ejVD4o-7z6mhY-fJiPom-ejVDio-ejPTsH-ejVCDW-8GkEY3-ejPTpr-ejVCA3-ejPSUr-ejPSLc-ejVCHo-ejPSHB-ejVDF7-ejVEym-ejPU38-ejVEdh-ejVEs7-ejPUo6-ejPUy8-akmFZY-ejPTUt-akgEsZ-akjsfh-ejVEhd-akjsmq-akgEFV

P.150　김동민. (2024).

P.151　Stange, T. (2024). https://www.visitcopenhagen.com/copenhagen/planning/stroget-gdk414471

P.153　Rost, J. (2012). https://www.flickr.com/photos/56380734@N05/7897541516/in/photostream/

P.154　(상) Murayama, N. (2015). https://www.flickr.com/photos/naotakem/20647453498/in/photostream/

P.154 (하) Eklind, M. (2023). https://www.flickr.com/photos/mariaeklind/52955167209/in/photolist−2oFt5hi−2oFAPMG−2oF8c6p−2oMgak2−2oFujja−2oHXbdu−2oHXCja−2oFujhr−2oTuNWe−2oHSaDL−2oHS9Q1−2oTwSCc−2oHXCaT−2oHSa1r−2oHW16g−2oHXaxS−2oHVfrj−2oHXaUZ−2oHVZuS−2oHVZKM−2oTxi8C−2oHXaLc−2oTvHhE−2oHVZWJ−2oHSaqK−2oHSavQ−2oHW1br−2oHXBYW−2oHSa9s−2oHSacy−2oHVZQM−2oHVZsC−2oHXBDH−2oTxhYV−2oTrT25−2oTvGVN−2oTrTfG−2oTrTee−2oTxhEJ−2oTvH7u−2oTuNhD−2oTxhP6−2oTvGUf−2oTuNok

P.160 Copenhagen Municipality. (2025). https://commons.wikimedia.org/wiki/File:Logo_of_Copenhagen_Municipality,_Denmark.svg

P.161 Hjortshøj, H. (2020). https://www.cobe.dk/projects/nordhavn

P.164 Dahlström, H. (2022). https://www.flickr.com/photos/dahlstroms/52284629904/in/photolist−2nEdoUh−2hKEkaU−mfPSAB−3f81Li−2jx3ub7−B7vAC−2jx4o1q−2gDDHQj−2q6PyxP−2beMrxB−6pft5s−2iYYcrg−2jx3j1T−54VaFz−2mnPvUq−2jwYRyT−2mnNoPe−G7VK4b−BZaQZ−oexxwx−2nuiCSu−74VQG−AeZTD−6QJi72−6sCRAB−3h396s−5E2SbP−4Yu6cn−4x2dQW−5x17Ea−6syPB8−2nnE2WD−5wGLaw−2iYYcw1−NVQcT−5xawo2−2iYWBuz−7wUrh7−2iYTUcW−6ofaun−2iYTUf1−58X17x−21E1M4w−NkvgnF−4x29Ey−2iYTUix−2iYTUju−2iYWBHL−2iYTUgJ−bq74jz

P.165 (상) Webjay. (2009). https://www.flickr.com/photos/webjay/

P.165 (하) Eklind, M. (2019). https://www.flickr.com/photos/mariaeklind/

P.166 Rasmussen, D. (2024). https://www.visitcopenhagen.com/copenhagen/planning/havnevigen−swimming−zone−gdk1133700

P.169 Baikovicius, J. (2017). https://www.flickr.com/photos/jikatu/

P.170 Dansih Design Review. (2017). http://danishdesignreview.com/copenhagen−by−bike/2017/8/6/around−the−harbour−lasz6

P.172 (상) Hjortshøj, H. (2019). https://www.archdaily.com/923081/lille−langebro−cycle−and−pedestrian−bridge−wilkinsoneyre

P.172 (중) Berg, A.S. (2015). https://www.archdaily.com/772411/cirkelbroen−bridge−studio−olafur−eliasson

P.172 (하) Dissing+Weitling. (2024). Dissing+Weitling. https://dissingweitling.com/en/project/bicycle−snake

P.179 (좌) Regional Planning Office. (1947). https://www.byplanlab.dk/sites/default/files/FINGERPL.%20Skitseforslag.pdf

P.179 (우) Danish Ministry of the Environment. (2007). http://2030palette.org/settlement−areas/

P.180 (상) Cycle Superhighways. (2021). https://supercykelstier.dk/wp-content/uploads/2016/03/ENGLISH_KOMMUNEOVERSIGTSKORT-MED-C-OG-RUTER-opdateret-januar-2021.pdfLa Citta Vita. (2010). https://www.flickr.com/photos/la-citta-vita/

P.180 (하) Gunn, A. (2018). Bicycle Planning in European Cities and Its Applicability to American Cities. Senior Project at California Polytechnic State University, San Luis Obispo. file:///Users/songheekang/Downloads/seniorproject.pdf

P.182 (상) Colville-Andersen, M. (2009). https://www.flickr.com/photos/16nine/

P.182 (하) 김동민. (2024).

P.185 (좌) Larsen, J.H.M. (2005). Retrieved from Experiences from Middelgrunden 40MW Offshore Wind Farm. Cophenhagen Offshore Wind 26-28.

P.185 (우) Citta Vita. (2010). https://www.flickr.com/photos/la-citta-vita/

P.187 (상) Themeisle. (2019). https://www.flickr.com/photos/themeisle/

P.187 (하) Oresund, N. (2019). https://www.flickr.com/photos/newsoresund/

P.190 American Society of Landscape Architects. (2016). https://www.asla.org/2016awards/171784.html

P.191 강송희. (2024).

서울에서

P.201 Sq lim. (2023).

P.206 jieun kim. (2023). https://unsplash.com/photos/_IaD9musAFE

P.214 Patterson, B. (2012). https://www.flickr.com/photos/blakespot/

P.216 (상) 서울특별시. (2016). https://mediahub.seoul.go.kr/archives/1034940

P.216 (하) 서울특별시. (2022). https://mediahub.seoul.go.kr/archives/2005082

P.220 Republic of Korea. (2013). https://www.flickr.com/photos/koreanet/10307178194/in/photolist-gGNYYS-gGQ2Kv-ayPkJB-kMB2PK-KfSSn1-kMDaeu-kMD93S-kMB4i6-fJnXJP-kMB4Np-ayPo9T-kMBmEi-ayQgc4-sgHqte-ayQeLH-ayQfjz-ayQ9vT-ayPMSB-gGQ3MF-kMCNdm-kMB3st-kMB2AZ-aySXEW-aySWq5-LQKKfV-Jnk7Pp-kMCEA7-ayPoZB-ayPnwM-MK8A6Q-kMAH5a-MK8Q4u-ayPnep-ayQpVR-ayQ4yc-ayQpp4-f1Hfm4-aySKtA-aySh67-dfgzMN-fJEuco-ayQeja-aySLFw-aySkwu-aySdQo-f1Xvvw-aySwns-MC6Zcw-kMBic6-cC57JE/

P.222 (상) karendotcom127. (2007). https://www.flickr.com/photos/karendotcom127/463292731/in/dateposted/

P.222 (하) 강송희. (2019).

P.231	조형래. (2024).
P.236	연합뉴스. (2017). https://www.yna.co.kr/view/AKR20171012052200004
P.238	Calthorpe, P. (1993). The next American metropolis: Ecology, community, and the American dream. Princeton architectural press.
P.240	한경뉴스. (2022). https://www.hankyung.com/article/202205039721Y
P.241	내 손안에 서울. (2024). https://mediahub.seoul.go.kr/archives/2006248

The Lights of Cities
도시의 빛
런던·오스틴·코펜하겐·서울에서
발견한 빛나는 생각들

1판 1쇄 인쇄 | 2025년 8월 15일
1판 1쇄 발행 | 2025년 8월 30일

지은이   조형래·김다현·강송희
펴낸이   송영만
책임편집 송형근
디자인   오정원

펴낸곳   효형출판
출판등록 1994년 9월 16일 제406-2003-031호
주소   10881 경기도 파주시 회동길 125-11
전자우편 editor@hyohyung.co.kr
홈페이지 www.hyohyung.co.kr
전화   031 955 7600

ⓒ 조형래·김다현·강송희, 2025

ISBN 978-89-5872-244-1 (03540)
이 책에 실린 글과 사진은 효형출판의 허락 없이 옮겨 쓸 수 없습니다.

값 21,000원